HEYNE ‹

W0195655

Die Autoren

Jutta Fuezi ist eine der führenden deutschsprachigen Engelexpertinnen, die sich besonders mit Engelzahlen, Engelritualen und Engelnamen beschäftigt hat.

Wulfing von Rohr ist bekannter Autor und Koautor von Büchern zur Bewusstseinsentwicklung, Heilung und spirituellen Selbstermächtigung.

JUTTA FUEZI
WULFING VON ROHR

Die Botschaft der Engelzahlen

Himmlische Numerologie

WILHELM HEYNE VERLAG
MÜNCHEN

Hinweis: Im Text finden Sie Beschreibungen in der Ich-Form – wenn es sich dabei nicht um allgemeine Hinweise zum Umgang mit genannten Entwicklungsthemen handelt, sind es persönliche Erfahrungen mit den Engelzahlen, die Jutta Fuezi mitteilt.

Mix
Produktgruppe aus vorbildlich bewirtschafteten
Wäldern und anderen kontrollierten Herkünften
www.fsc.org Zert.-Nr. SGS-COC-001940
© 1996 Forest Stewardship Council

Verlagsgruppe Random House FSC-DEU-0100
Das für dieses Buch verwendete FSC-zertifizierte Papier Holmen Book Cream liefert Holmen Paper, Hallstavik, Schweden

2. Auflage
Originalausgabe 05/2010

Copyright © 2008 by Wilhelm Heyne Verlag, München,
in der Verlagsgruppe Random House GmbH
Alle Rechte vorbehalten
Printed in Germany 2010
Umschlaggestaltung: Guter Punkt, München,
unter Verwendung eines Motivs von © Judy York / Agentur Schlück
Herstellung: Helga Schörnig
Gesetzt aus der Sabon bei te•ha grafik
Druck und Bindung: GGP Media GmbH, Pößneck
ISBN 978-3-453-70142-7

www.heyne.de

Inhalt

Wie Sie mit diesem Buch arbeiten

An den Anfang möchten wir eine kurze Gebrauchsanleitung für dieses Büchlein stellen, einfach, damit Sie sich gut zurechtfinden, sich leichter inspirieren lassen und den größtmöglichen Nutzen für Ihren Alltag aus den Texten ziehen können.

Im **1. Kapitel** geben wir Ihnen eine kleine Einführung, was Engelzahlen sind und wie Engelnumerologie funktioniert. Da die Erzengel eine zentrale Bedeutung in der Engelwelt und für uns Menschen haben, lesen Sie im **2. Kapitel** etwas über die Grundbedeutung der 12 Erzengel und ihrer besonders aussagestarken Zahlen.

Im 3. Kapitel wird es nun schon praktisch und persönlich: Sie finden Deutungen der Engelzahlen zu den 31 Tagen des Monats, den 12 Monaten des Jahres und den Jahren 1900 bis 2025. Damit können Sie für sich und Ihre Angehörigen, Freunde und Bekannten leicht feststellen, was Ihre Lebensthemen sind – symbolisch ausgedrückt durch die Engelzahlen der jeweiligen Geburtstage, Geburtsmonate und Geburtsjahre. Oder Sie finden heraus, welche Themen an einem bestimmten Tag in der Vergangenheit, Gegenwart oder Zukunft aus der Engelperspektive eine wichtige Rolle spielen. Einen weiteren Ansatz, Engelzahlen kennenzulernen und zu deuten, erfahren Sie im **4. Kapitel**. Dort geht es um Ihre persönliche Engelnumerologie mit *Lebenszahl, Kraftzahl* und *Seelenzahl* und darum, was diese Zahlen Ihnen sagen wollen. In diesem 4. Kapitel müssen Sie ein bisschen addieren und Quersummen bilden, wie das in der Numerologie so üblich ist.

Im 5. **Kapitel** stellen wir Ihnen Engelzahlen vor, wie sie uns im Alltag begegnen können – bei Hausnummern und Autokennzeichen, Hotelzimmern und an anderen Orten, bei anderen Gelegenheiten. Auch für die Zukunftsplanung lassen sich die hier erklärten Engelzahlen gut nutzen. Engelbotschaften für die Zahlen von 1 bis 144 im **6. Kapitel** runden dieses Büchlein über Engelzahlen ab. Dieses abschließende Kapitel können Sie einfach einmal zwischendurch aufschlagen – hier müssen Sie nicht rechnen und können jederzeit eine rasche erste Engelbotschaft zu einer dieser Zahlen erhalten.

Im **Anhang** finden Sie eine recht interessante Übersicht dazu, wie man in verschiedenen Kulturen und Religionen Zahlen spirituell und symbolisch deutet, außerdem etliche Buchhinweise, einige Informationen über uns Autoren sowie Hinweise auf Veranstaltungen.

Dass uns die Engel bei der Arbeit an diesen Seiten besonders inspiriert und geführt haben, bedarf sicher keiner weiteren Betonung. Bei der Lektüre wünschen wir Ihnen viel Freude und für Ihr Leben wertvolle Anregungen und segensreiche Engelhilfen.

Jutta Fuezi   Wulfing von Rohr

Engelzahlen
und Engelnumerologie

*Unsere Tage zu zählen, lehre uns! Dann gewinnen
wir ein weises Herz.*

Psalm 90,12

Was sind Engelzahlen?

Diese Bitte des Menschen an Gott, wie sie als Motto
oben steht, überliefert uns der 90. Psalm im Alten Testament. Zahlen und Zählen – eine wesentliche Grundlage
für das Leben in der Gesellschaft. Wir zählen die Tage
der Monate, der Jahre und des Lebens. Einen Kalender
ohne Zahlen, eine Uhr ohne Zahlen gibt es nicht. Wir
zählen Vieh und Geld, die Quadratmeter von Wohnungen und Grundstücken. Wir feiern »runde« Geburtstage
und Jubiläen, die sich nach Zahlen richten.

Zahlen haben aber nicht nur mit Dingen und mit
Zeit, sondern – so die Bibel – vor allem mit Weisheit zu
tun. In diesem Buch wollen wir Ihnen einige Hinweise
geben, wie Sie Zahlen aus der Sicht der Engelwelt besser
verstehen und wie Sie mehr Einsicht und Weisheit für
das eigene Leben erlangen können.

Das Wort Zahl entwickelte sich aus dem althoch-
deutschen Wort zala, das »eingekerbtes Merkzeichen«

bedeutet hat. Das zweite Wort, das hierher gehört, ist der Begriff Nummer. Nummer stammt von *numerus*, dem lateinischen Wort für Zahl bzw. Anzahl. Daraus hat sich der Begriff Numerologie entwickelt. Numerologie ist das Handwerk, die Kunst bzw. das Wissen, aus Zahlen verborgene Bedeutungen herauszulesen. Spätestens seit dem Buch »Der Bibel-Code« ist auch allgemein bekannt, dass die hebräische Schrift, wie sie in der Bibel und in mystischen Schriften verwendet wurde, eine Art von Zahlmystik enthält und darstellt.

Dass Zahlen religiöse und kulturelle Bedeutung besitzen, wird bei einem kurzen Blick in unsere Geschichte offensichtlich. Wir zählen Wochen zu 7 Tagen, das Jahr zu 12 Monaten und 365 bzw. 366 Tagen. Unser Dezimalsystem orientiert sich an den 10 Fingern der beiden Hände des Menschen. Die Astrologie zeigt 12 Tierkreiszeichen. Man spricht davon, dass es »5 vor 12« ist oder dass es nun wirklich »13 schlägt« und so fort.

Was haben nun Engel mit Zahlen zu tun? Und wie viele Engel gibt es wohl? Die heiligen Schriften vieler Religionen sprechen immerhin von »himmlischen Heerscharen«, also aus Menschensicht betrachtet von unzählig vielen Engeln. Gibt es vielleicht so viele Engel wie Sterne am Himmel – Sterne, die für uns unzählbar und doch konkret sichtbare Lichtfünkchen am Firmament sind? Oder gibt es so viele Engel, wie wir Haare haben?

Die Zahl aller Engel werden wir Menschen wohl nie genau bestimmen und wissen können. Dieses Wissen ist und bleibt der Schöpferkraft vorbehalten. Aber: Zahlreiche Engel sagen uns etwas zur Bedeutung von Zahlen. Sie geben uns wertvolle Hinweise, wie wir sie in diesem Buch der Engelzahlen beschreiben. Engelzahlen sind Botschaften der Engel, die sie uns über die Bedeutung jeder Zahl mitteilen. Es sind Hilfen, die wir von den Engeln erhalten, um im Alltag unseres Lebens und auf unserem spirituellen Weg mehr zu erfassen, besser klarzukommen und uns bewusster zu entwickeln.

Die Engel lassen uns die symbolische Bedeutung von vielen Zahlen erkennen. Aber sie weisen auch darauf hin, dass ein und dieselbe Zahl nicht für jeden und auch nicht in jedem Lebensbereich dieselbe Bedeutung hat. Ein Beispiel: Die 1 kann auftauchen als der Geburtstag, wenn jemand am 1. Mai geboren ist. Die 1 kann aber auch im Verlauf des Jahres als der erste Tag im Mai auftauchen, ohne dass alle Menschen nun gerade am 1. Mai Geburtstag feiern. Die 1 als Geburtstagzahl ist also etwas anderes als die 1 als erster Tag eines Monats. Als Hausnummer hat die 1 wieder eine andere, ganz spezielle Bedeutung. Und eine »reine« 1 etwa ist anders zu bewerten als eine 1, die erst aus einer Quersumme gebildet wird, beispielsweise von 2 + 8 bei 28, was zunächst zur 10 führt und dann zur 1 + 0 = 1.

Auch wenn Menschen am selben Tag geboren sind, zum Beispiel am 4.6.1976, dann kann die Bedeutung des 4. für sie unterschiedlich sein. In diesem Fall spielen zum Beispiel auch die Namen und ihre Zahlenbedeutung, die Namenszahl der Geburtsorte und vieles mehr eine Rolle.

Was ist Engelnumerologie?

Seit ungefähr zehn Jahren nehme ich die Engel an meiner Seite bewusst wahr. Es waren kleinere und größere Schritte, die mich auf meinem Weg bis zur Arbeit an

diesem Buch hier brachten. Anfangs wurde meine Energiearbeit durch Engelaffirmationen und Engelrituale
positiv ergänzt. Nach und nach folgten Beratungen mit
Engelkarten, Vorträge, Workshops und einiges mehr.
Durch zwei Numerologie-Grundseminare bei einer See-
lenfreundin aus der Steiermark kam dann als vorläufig
letztes dieser Bereich der Engelzahlen hinzu. Schritt für
Schritt entwickelte ich mit Unterstützung meiner himmlischen Helfer meine ganz eigene Form: die Engelnumerologie.

Ich hatte mich immer schon für Zahlen interessiert,
obwohl ich absolut nicht der logische Mathematik-Typ
bin und dementsprechend in diesem Bereich auch etliche
Probleme in der Schule zu meistern hatte. Aber ich merk-
te mir Zahlen einfach viel leichter als zum Beispiel Namen. In Vorbereitung auf eine »von oben« geführte Er-
weiterung meiner Engelarbeit durfte ich nach und nach
die spirituelle Schwingung und Bedeutung von Zahlen,
Daten, Tagen, Monaten und so fort erfassen. Ein Geschenk, das ich dankbar angenommen habe. Grundlage
hierfür war, ist und bleibt für mich der sensitive Zugang
zur Engelenergie und die aktive *tägliche* »Arbeit« mit ihnen.

Engelnumerologie ist eine Verbindung von speziellen
Engelbotschaften, die ich für die jeweilige Zahl oder das
Thema empfangen und weitergeben darf – unter Einbezug der numerologischen Grundqualitäten der betreffenden Zahlen bzw. Zahlenkombination. So wie jede andere aktive Engel- und Energiearbeit ist auch dieser Bereich
für jeden Menschen erlernbar – mit den passenden Leh-
rern auf der weltlichen Ebene und der individuellen Führung aus dem geistigen Bereich. Und natürlich, nicht zu

vergessen: mit Übung, Ausdauer sowie Urvertrauen und Fleiß.

Was wir aber niemals vergessen sollten: Engel sind Boten Gottes, sie stehen uns als Hilfe zur Seite. Es ist aber immer die Liebe und wunderbare Energie der schöpferischen Quelle – die viele Menschen zunächst als Gott bezeichnen, als kosmische Kraft, als Universum oder Große Mutter. Je nach Glauben manifestiert sich die Kraft, die wir spüren, empfangen und erleben dürfen, für viele auch in Jesus, im Heiligen Geist, in aufgestiegenen Meistern und eben auch in Engeln und Erzengeln.

Unsere Engel sind vor allem Vermittler und Überbringer aus der großen, wunderbaren Quelle. Dessen sollten wir uns auch bei der Engelnumerologie bewusst sein. Die Engel bringen uns der Quelle wieder nahe und schließen die Lücke zwischen Himmel und Erde. Sie fungieren als Helfer und zu unserem Schutz, sind jedoch nicht selbst schon »Gott« oder »das Universum« und wollen deshalb auch nicht von uns angebetet werden.

Engel sind Zeichen der Gnade und Liebe Gottes, so sehen wir Autoren dies, und wir dürfen sie dankbar und freudig in unser Leben, in unseren Alltag integrieren und ihre Hilfe und Unterstützung annehmen. Je offener wir für sie sind, umso intensiver, schöner und hilfreicher können sie uns begleiten. In diesem Sinne wünschen wir Ihnen von Herzen eine Menge Spaß, Leichtigkeit und liebevolle Engelenergie mit der »himmlischen Numerologie«.

~ · ~

Die Zahlen der Erzengel

Es gibt eine Vielzahl von Angaben zu den Hierarchien der Himmelswesen, zu den sogenannten Engelordnungen, und eine noch größere Zahl von Aufstellungen, welches die wesentlichen unter den vielen Erzengeln sind. Zu den Engelordnungen gehören Seraphim und Cherubim, Herrscher und Kräfte, Tugenden und Throne, Elohim und Malachim, Erzengel und Engel und weitere mehr. Jüdische und christliche Autoren machen hier oft widersprüchliche Mitteilungen. Auch darüber, welcher Engel überhaupt zu den Erzengeln zählt, wer »höher« steht und so fort, gibt es sehr unterschiedliche Ansichten.

Wir wollen dieses Thema zwar nur streifen, müssen aber doch kurz darauf eingehen, weil so viele unterschiedliche Angaben zu den Erzengeln und Engeln, zu ihren Namen und Zahlenzuordnungen umherschwirren. Wir glauben nicht, dass es eine einzige und alleingültige Meinung dazu gibt und dass man ein absolut gültiges Urteil treffen könnte.

Übrigens: Erzengel bedeutet einfach Herrscherengel. Erzengel sind also herausgehobene und besonders wichtige Engel. In der hebräischen Bibel finden wir diesen Begriff nicht. Man liest vielmehr von *Elohim,* den »Engeln Gottes«, von *Melak Adonai,* den »Engeln des Herrn«, von »Söhnen Gottes«, von »den Heiligen« und »den Höheren« oder »den Höchsten«. Es gibt allerdings in keiner

Religion und in keinem Kulturkreis eine systematische und unangefochtene Hierarchie. Deswegen ist es, bei aller Begeisterung für Engel und Erzengel, manchmal sinnvoll, sich nicht allzu sehr auf angeblich feststehende Engelordnungen zu kaprizieren.

Traditionelle Engellisten

Hier finden Sie einfach zur Kenntnisnahme, vielleicht zum ersten Mal in dieser Zusammenstellung und ohne ein Urteil von uns, eine kleine Übersicht über 5 bekannte Erzengellisten. Es gibt aber über 30 verschiedene solcher Aufstellungen! Wir führen hier jeweils 7 Erzengel an, es gibt aber auch Reihen von 12 und mehr Erzengeln. Nach der islamischen Überlieferung gibt es übrigens nur 4, nämlich Gabriel, Michael, Azrael und Israfel.

Hier also die 7er-Listen von Erzengeln im jüdisch-christlichen Religionsraum:

Buch Henoch I (Der »äthiopische« Henoch)	Papst Gregor der Große
1. Uriel	1. Michael
2. Raphael	2. Gabriel
3. Raguel	3. Raphael
4. Michael	4. Uriel
5. Zerachiel	5. Simiel
6. Gabriel	6. Orifiel
7. Jeremiel	7. Zachariel

Christliche Gnostik

1. Michael
2. Gabriel
3. Raphael
4. Uriel
5. Barachiel
6. Sealtiel
7. Jehudiel

Pseudo-Dionysius

1. Michael
2. Gabriel
3. Raphael
4. Uriel
5. Chamuel
6. Jophiel
7. Zadkiel

Talisman-Magie

1. Zaphkiel
2. Zadkiel
3. Camael
4. Raphael
5. Haniel
6. Michael
7. Gabriel

Engel der Wochentage

Den sieben Wochentagen ordnet man gern ausgewählte Erzengel zu, und zwar aufgrund der Planeten, die die jeweiligen Erzengel »regieren« sollen. Auch hier gibt es keine einheitliche Meinung. Wir präsentieren nur wenige, um keine noch größere Verwirrung zu stiften, als angesichts der vielen Ansichten sowieso schon herrschen dürfte.

Bekanntlich sind in manchen unserer Namen für die Wochentage auch gewisse Planetenzuordnungen enthalten. Sonntag und Montag als die Tage der Sonne bzw.

des Mondes sind offensichtlich. Der Dienstag heißt auf
Französisch *Mardi*, ein Hinweis auf den Planeten Mars;
der Mittwoch *Mercredi*, was sich von Merkur ableitet.
Donnerstag ist der Tag des germanischen Gottes Donar,
der dem griechischen Göttervater Zeus entspricht und
zum Planeten Jupiter gehört. Freitag enthält im Deutschen den Hinweis auf die Göttin Freia, im Französi-
schen heißt er *Vendredi* und weist damit auf die Venus
hin. Der Samstag heißt im Englischen *Saturday*, also der
Tag des Planeten Saturn. Wir finden, dass diese uralten
Zusammenhänge es wert sind, bei der Deutung von Wochentagen und Engelzahlen mit einbezogen zu werden.

Hier eine klassische Zuordnung:
Sonne – Raphael; demnach der Erzengel des Sonntags
Mond – Gabriel; Erzengel des Montags
Mars   – Camael (bzw. Chamuel); Erzengel des Dienstags
Merkur – Michael; Erzengel des Mittwochs
Jupiter – Zadkiel; Erzengel des Donnerstags
Venus – Haniel; Erzengel des Freitags
Saturn – Cassiel (oder Uriel); Erzengel des Samstags

Diese Zuordnung von Erzengeln zu Wochentagen lässt
aber nicht ohne Weiteres eine numerologische Reihenfolge zu. Denn mit welchem Tag beginnt die Woche, was
ist der erste Tag? Die meisten von uns würden sagen, der
Montag. So hat sich das in unserer modernen Welt einge-
bürgert. Im Christentum ist jedoch der Sonntag der »erste
Tag der Woche«, da der Sonntag der »Tag des Herrn« ist.
Das wird im Judentum und im Islam, wo Samstag bzw.
Freitag eine wichtige religiöse Rolle spielen, naturgemäß
ganz anders gesehen werden.

Die Ostkirche verehrt Michael, Gabriel, Raphael, Uriel, Selaphiel, Jegudiel und Barachiel für die Wochentage von Sonntag bis Samstag. In der koptischen Kirche finden wir Michael, Gabriel, Raphael, Suriel, Zadakiel, Sarathiel und Aniel. Eine katholische Entsprechung lautet:

Michael   – Sonntag
Gabriel   – Montag
Raphael   – Dienstag
Uriel   – Mittwoch
Sealtiel   – Donnerstag
Jegudiel   – Freitag
Barachiel – Samstag

Wenn man von der Sonne als Nummer 1 ausgeht, folgen dann Merkur und Venus als die Planeten, die der Erde am nächsten sind, oder doch erst der Mond und dann die anderen Himmelskörper? Eine plausible astrologisch-numerologische Zuordnung sieht unserer Ansicht nach so aus:

Sonntag: 1 – Sonne – der Sonnenengel, Raphael (oder
                   Uriel)
Montag: 2 – Mond – der Mondengel, Gabriel
Dienstag: 3 – Mars – der Marsengel, Camael (bzw.
                   Chamuel)
Mittwoch: 4 – Merkur – der Merkurengel, Michael
Donnerstag: 5 – Jupiter – der Jupiterengel, Zadkiel
                   (oder Zachariel)
Freitag: 6 – Venus – der Venusengel, Haniel
Samstag: 7 – Saturn – der Saturnengel, Cassiel (oder
                   Uriel)

Wenn wir aber ganz darauf verzichten, spezielle Engelnamen für den Wochentag zu gebrauchen, sondern stattdessen einfach nur Mondengel oder Venusengel und so
fort verwenden, machen wir uns das Leben sehr viel ein-
facher – und trotzdem kommt alles das zum Ausdruck,
was wichtig und stimmig ist. Da zahlreiche Autoren und
Autorinnen dies aber wirklich auf völlig unterschiedliche Art und Weise betrachten und einschätzen, wollen
wir die Zuordnung von Zahlen zu Erzengeln *anhand der
Abfolge von Wochentagen* in diesem Buch von jetzt an
nicht weiter verfolgen. Viel deutlicher und schlüssiger
sind die Zahlenbedeutungen der Erzengel. Darum geht
es im nächsten Abschnitt.

12 Erzengel, ihre Zahlen und Eigenschaften

Wir fangen mit den Grundzahlen von 1 bis 12 an, weil:
- es 12 Monate und 12 Tierkreiszeichen gibt,
- unsere Zeitrechnung und unsere Uhren auf der 12
  basieren (12 Stunden hat der Tag und 12 Stunden
  die Nacht),
- es 12 Jünger (und wohl auch 12 Jüngerinnen!) gab,
- die 12 als eine Zahl der Vollkommenheit gilt,
- es 12 wichtige Erzengel gibt, deren Energie uns in
  praktisch jeder Lebenssituation auf besondere Weise
  helfen kann.

1. Michael	5. Jophiel	9. Zadkiel
2. Gabriel	6. Chamuel	10. Raguel
3. Raphael	7. Zachariel	11. Sandalphon
4. Uriel	8. Haniel	12. Metatron

Diese 12 wichtigsten Engel wollen wir nun etwas näher und vor allem in Bezug auf ihre jeweilige Zahl kennenlernen.

1: Erzengel Michael

Die 1 ist die symbolische Zahl für den Anfang von allem, was sichtbar ist. Durch die 1 drückt sich die Schöpferkraft aus. 1 ist die »Monade«, das noch nicht in Yang und Yin getrennte Tao, die Zahl für das »Einzelauge« oder das spirituelle Auge der Seele. Die 1 entspricht deshalb dem Erzengel Michael als dem höchsten Vertreter Gottes und als Wächter-, Schützer- und Richterengel auf sinnfällige Weise.

Themen der 1 in der Engelnumerologie

All-Eins-Sein; mir allein genügen, mich mit mir selbst wohlfühlen; Selbstständigkeit, Unabhängigkeit; allein Entscheidungen treffen können und Handlungen darauf folgen lassen; immer wieder im Laufe des Lebens neue Themen, Menschen und Bereiche sowie kleinere und größere Neuanfänge; Erneuerung im Innen und Außen; auch Einzelgängertum und Außenseiterrolle.

Erzengel Michael in der Tradition

Sein Name bedeutet »Der wie Gott ist«. Andere Übertragungen lauten »Wer ist wie Gott?«. Michael gilt im Judentum und im Christentum allgemein als der »höchste« Erzengel. Im Islam rangiert Gabriel manchmal noch höher. Mit den Hierarchien ist das aber so eine Sache, wie wir inzwischen ja wissen. Manche Quellen sagen, dass Michael der alten chaldäischen Religion entstammt, wo er als »Gott« verehrt wurde. Er ist der Engelsfürst Israels, der Erzengel, der Abrahams Hand Einhalt gebot, als dieser bereit war, seinen Sohn Isaak zu opfern, der Hüter Jakobs, der Bezwinger Satans.

So heißt es in der Johannes-Offenbarung: *Da entbrannte im Himmel ein Kampf; Michael und seine Engel erhoben sich, um mit dem Drachen zu kämpfen. Der Drache und seine Engel kämpften, aber sie konnten sich nicht halten und sie verloren ihren Platz im Himmel. Er wurde gestürzt, der große Drache, die alte Schlange, die Teufel oder Satan heißt und die ganze Welt verführt; der Drache wurde auf die Erde gestürzt ...* (Off. 12,7-9).

Das Feuer im brennenden Busch, das Moses sah, soll Michael geglichen haben. Im Zend Avesta, der heiligen Lehre der altpersischen Religion, sieht man in Michael auch den Erlöser der Gläubigen. Manchen Quellen zufolge hat er den Psalm 85 verfasst. Michael wird bisweilen auch als »Vorläufer« der Schechinah, des heiligen Glanzes und der Gegenwart Gottes in der Welt, betrachtet.

Seit der siegreichen Schlacht auf dem Lechfeld 955 gegen damals noch nicht christianisierte Reiterhorden aus Ungarn wurde er zum Schutzpatron des Heiligen Römischen Reiches, später auch von Deutschland. Papst Pius XII. hat Erzengel Michael 1950 zum Schutzpatron der Polizisten ernannt. Zahlreiche Kirchen sind Michael geweiht, und an vielen Orten soll er erschienen sein. Zu den bekanntesten zählen der Monte Sant'Angelo in Süditalien und der Mont St. Michel im Nordwesten Frankreichs. Sicher finden Sie auch ganz in Ihrer Nähe eine St.-Michaels-Kirche.

2: Erzengel Gabriel

Die 2 symbolisiert die Begegnung des Einen mit einem Zweiten, die Begegnung des Ich mit einem Du und die Erkenntnis, dass sich in der einen Schöpfung mehr als nur eine Ausdrucksform manifestiert. Es kommt darin auch die Polarität, wie wir sie vom Wechselstrom her kennen (wobei »positiv« und »negativ« eben keine Werturteile darstellen!) zum Ausdruck. Erzengel Gabriel als Bote Gottes, der Maria die Empfängnis und Geburt Jesu verkündet und der dem Propheten Mohammed den Koran als neue Offenbarung vom Gotteswort überbringt, entspricht auch deshalb der 2.

Themen der 2 in der Engelnumerologie

Partnerschaft mit mir selbst, mit meinen Eltern, Kindern, Freunden, Kollegen und jedem anderen Menschen, natürlich auch mit dem persönlichen Lebenspartner bzw. der Lebenspartnerin; 2 Möglichkeiten, 2 Wege; die eigene Entscheidungsfreiheit; eine 2. Chance; Willensfreiheit; immer beide Seiten sehen, Partner bzw. guter, lebenslanger Freund und Seelenverwandte; die 2 Seiten des Gegenüber erkennen und annehmen können.

Erzengel Gabriel in der Tradition

Sein Name bedeutet »Gott ist meine Stärke«. Gabriel ist der Engel der Verkündigung, der Auferstehung, der Barmherzigkeit, des Todes und der Offenbarung. Gabriel kündigt die Geburt Jesu an, ein Bildmotiv, das wir auf zahlreichen Gemälden in christlichen Kirchen finden. Einer jüdischen Legende zufolge ist es Gabriel, der sündig gewordenen Städten Zerstörung und Tod bringt, so Sodom und Gomorrha. Mohammed berichtet, Gabriel habe ihm den Koran, die Heilige Schrift des Islams, als das Wort Gottes offenbart. In dieser Tradition gilt Gabriel als der »Geist der Wahrheit«.

3: Erzengel Raphael

Die 3 symbolisiert das neue Dritte, das sich aus 1 und 2, aus der Begegnung von zweien. Wir denken zunächst ganz irdisch an Vater und Mutter und dann folgerichtig an das Kind als neues Drittes. Dann vielleicht an ein Dreieck, das zum ersten Mal nach dem Punkt, der die 1 abbildet, und der Linie, die ihn mit einem 2. Punkt verbindet, nun eine Fläche zwischen 3 Punkten umschreibt. Auch die heilige Dreieinigkeit gehört hierher. Lebensfreude und schöpferischer Ausdruck sowie umfassende Synthese stecken in der 3. Erzengel Raphael, der sich um Tobit und Tobias kümmert, der aus der Begegnung zwischen Engel und Mensch etwas Neues erwachsen lässt, entspricht in dieser Hinsicht der 3.

Themen der 3 in der Engelnumerologie

Die Zahl der Familie und der Gruppe; Familie auf der weltlichen Ebene, aber auch die Seelenfamilie; es fügt sich immer wieder etwas vollkommen und perfekt; die heilige Dreieinigkeit und damit eine Form der irdischen Vollkommenheit; Freunde und positive Menschen im näheren und weiteren Umfeld; die Stadt, in der man wohnt, das Land und auch der Planet – bis hin zu Universum und Gott.

Erzengel Raphael in der Tradition

Sein Name bedeutet »Gott hat geheilt« und stammt aus dem chaldäischen Kultur- und Religionskreis. Wir begegnen Raphael im Buch Tobit (in der katholischen Bibel im Alten Testament zu finden, jedoch nicht in protestantischen Bibeln enthalten). Dort wird auch überliefert, dass Raphael über sich selbst spricht. Das ist die einzige »Selbstoffenbarung« eines Engels in der Bibel: »Ich bin Raphael, einer von den sieben heiligen Engeln, die das Gebet der Heiligen emportragen und mit ihm vor die Majestät des heiligen Gottes treten. ... Friede sei mit euch. Preist Gott in Ewigkeit! Nicht weil ich euch eine Gunst erweisen wollte, sondern weil unser Gott es wollte, bin ich zu euch gekommen« (Tobit, 12,14–18).

4: Erzengel Uriel

Die 4 ist ein Zeichen der irdischen Form, der sichtbaren Gestaltung von Stofflichkeit. Unsere Häuser werden in der Regel mit rechten Winkeln gebaut, die ja mit ihren 90 Grad ein Viertel der Ganzheit eines Kreises von 360 Grad darstellen. Es geht bei der 4 um Sicherheit, Schutz, Stabilität, Dienen und Ordnung. Offensichtlich kann ein Haus, das Zuflucht in der Nacht und bei schlechtem Wetter gewährt, auch zu einer Beengung führen, wenn wir kaum mehr aus dem Haus hinaus gelangen könnten. Der Erzengel Uriel fordert uns unmissverständlich auf, Ordnung in unserem geistigen Haus zu schaffen, auch deshalb ist die 4 seine Zahl.

Themen der 4 in der Engelnumerologie

Haus, Wohnung, Zuhause; im Schutz des Heims geborgen sein und Kraft schöpfen; Rückzug, »Höhle«; Ordnung und Struktur als positive Grundlage des Alltags; Schritt für Schritt den Lebensweg gehen; Grenzen erweitern, Einschränkungen lösen; Stabilität, Erdverbunden-

heit, Stärke und Kraft; in gewissem Sinne auch Innerlichkeit und Seele als sichere und »feste« Heimat empfinden.

Erzengel Uriel in der Tradition

Sein Name bedeutet »Das Feuer Gottes« oder »Feuer von
Gott«. Uriel wird abwechselnd als Seraph (Einzahl von
Seraphim), als Cherub (von Cherubim), als (Mit-)Regent
der Sonne, als Flamme Gottes, als Herrscher der Unterwelt, als Erzengel der Erlösung oder als Engel der göttlichen Präsenz beschrieben. Man sieht auch hier, wie häufig
sich Eigenschaften von Erzengeln mit denen anderer über-
lappen können und dass gar keine eindeutigen Zuordnungen möglich sind. Uriel soll geholfen haben, Adam und
Abel im Paradies zu bestatten. Er ist auch der Erzengel der
Reue. Uriel wird als Bote Gottes erwähnt, der Noah vor
der Sintflut warnte. Und er soll dem Propheten Esra Geheimnisse des Himmels offenbart haben, die dieser dann
in Form von Prophezeiungen weitergeben konnte. Die si-
byllinischen Orakelbücher der Antike nannten Uriel einen
»der unsterblichen Engel des todlosen Gottes«.

5: Erzengel Jophiel

Bei der 5 denken wir an die 5 Elemente Wasser, Erde, Feuer, Luft und Äther, an die 5 Finger der Hände und die
5 Zehen der Füße. Der berühmte prototypische Mensch
des Leonardo da Vinci zeigt die 4 irdischen Elemente mit
Armen und Beinen und das 5. überirdische mit der Ausrichtung des Kopfes zum Himmel. Es ist vor allem dieses
5. Element, der Äther, der die Zahl 5 besser verstehen hilft.
Hier geht es um die freie menschliche Entscheidung, um
offene Orientierung, auch um Lebensfreude und Abenteuer. Der Erzengel Jophiel versinnbildlicht all diese Aspekte.

Themen der 5 in der Engelnumerologie

Viel Bewegung und Aktivitäten; gute Ideen und die Fähigkeit, sie umzusetzen; handlungs- und entscheidungsfähig sein; Chaos und Unruhe vermeiden, bewusst Ruhepole finden und Pausen machen, um sich wieder zu spüren; sehr viel Energie und Kraft, kurze Regenerationszeit; Impulse und Ziele immer wieder empfangen und verwirklichen können und wollen; Kommunikationsbereitschaft und -fähigkeit.

Erzengel Jophiel in der Tradition

Sein Name bedeutet »Schönheit Gottes«. Jophiel soll Moses in die Mysterien der Kabbala, der jüdischen Mystik, eingewiesen haben. Er gilt als ein Fürst der Tora, der jüdischen Heiligen Schrift, und der Sohar, eines alten kabbalistischen Werkes, man nennt ihn den Hüter der Tora-Lesung am Sabbat. Manchmal tritt er als Begleiter von Metatron und als Mitstreiter von Michael auf. Paracelsus stufte Jophiel als Engel des Planeten Jupiter ein, während Cornelius Agrippa ihn als Engel des Planeten Saturn bezeichnete. Auch dies ein anschaulicher Beleg dafür, wie umstritten und im Zweifelsfall wenig hilfreich feste Zuordnungen sein können.

6: Erzengel Chamuel

Irdisches Glück und natürliche Harmonie signalisiert uns die 6, wie es auch der Erzengel Chamuel tut. Die 6 ist der »Bauplan« der Bienenstöcke, die in ihren hexagonalen Formen ein Optimum von Stabilität und Flexibilität vereinen. Ästhetik, Gleichgewicht, Fröhlichkeit sind hier wichtig.

Themen der 6 in der Engelnumerologie

Harmonie und Wohlgefühl; Liebe in jeder Beziehung, beginnend bei sich selbst; Ursprung und Ziel ist die göttliche Liebe, die Liebe Jesu, des Heiligen Geistes, Mariens und aller Heiligen; Sinn für Schönheit und Ästhetik; innerlich »rund« sein; Eigenliebe und Toleranz in jeder Beziehung und auf allen drei Ebenen (körperlich, geistig, seelisch); es geht auch um die Neigung zu Übertreibungen: alles mit Maß und Ziel sowie Geduld angehen.

Erzengel Chamuel in der Tradition

Der Name Chamuel bedeutet »Der Gott sucht«. Manchmal findet man auch die Schreibweisen Camael, Kamuel, Kemuel oder Camiel. Er soll die göttliche Gerechtigkeit personifizieren, so Eliphas Levi[*]. Chamuel stand Jesus in der Nacht vor seiner Kreuzigung bei und erschien ihm mit dem Erzengel Gabriel im Garten von Gethesemane. Sie versicherten Jesus, dass er nach seinem Tod wiederauferstehen werde. Frances Barrett schreibt in seinem Werk »The Magus« (»Der Eingeweihte«; erschienen 1801), Chamuel sei einer »der sieben Engel, die in der Gegenwart Gottes stehen«.

7: Erzengel Zachariel

Die 7 zeigt an, dass unser Leben in der letzten Konsequenz nicht »errechnet«, sondern nur erlebt werden kann. Wenn man einen Kreis mit seinen 360 Grad durch

---

[*] Levi hieß eigentlich Alphonse Louis Constant. Er wurde 1810 in Paris geboren und starb dort 1875. Er war ein französischer Diakon, Schriftsteller und Okkultist und gilt als Wegbereiter des modernen Okkultismus.

7 teilt, ergibt sich eine gebrochene Zahl. Der erste Bruch, denn bei der Teilung von 360 durch 1, 2, 3, 4, 5 und 6 taucht keiner auf, und dann erst wieder bei der 11. Umbrüche zeigt die 7 an, unumgängliche Veränderung, aber auch tiefes Verstehen, Suche und Mystik. In Erzengel Zachariel, »der sich an Gott erinnert«, finden wir die 7 symbolisiert.

Themen der 7 in der Engelnumerologie

Der eigentliche Schutzengelaspekt; Erfolg, Glück und Gewinn ist in allen Bereichen möglich und auch vorgesehen; auf Menschen zugehen und sich öffnen, sich nicht im »Schneckenhaus« verkriechen; immer wieder Möglichkeiten für neue Erfahrungen, Lernprogramme und Themen; strahlen und glänzen; immer neu hinter die Fassade schauen, sich nicht täuschen lassen; Geschenke annehmen können.

Erzengel Zachariel in der Tradition

Sein Name bedeutet »Erinnerung an Gott«. Manchmal wird er auch Zacharael oder Zahariel geschrieben. Nach Paracelsus ist Zachariel der Engel des Jupiters und somit auch der Engel des Donnerstags. In der Anthroposophie finden wir diese Aussage zu Zachariel: »Der Erzengel Zachariel bringt in dein Bewusstsein Frieden und eine Art königliche Macht. Er hilft mit anderen friedlich zusammenleben zu können. In der Herrlichkeit und Pracht verdeutlicht er, dass Gemeinschaft mehr Reichtum im Dasein der Menschen bringen kann.«[*]

[*] Quelle: www.wiki.anthroposophie.net/Zachariel_(Erzengel) (Januar 2010)

8: Erzengel Haniel

Das Symbol der Ewigkeit, die »liegende 8« verbindet die Ein- und die Ausatmung – des Menschen, der Gezeiten, des Universums. Sie weist auf den ewigen Strom von Schöpfung und Leben, von Geburt und Vergehen und auf das stetige Auf und Ab und Hin und Her des Erdenlebens hin. Erzengel Haniel mit »seiner« Engelzahl 8 symbolisiert die feine Verbindung zwischen dem Oben der geistigen Lichtwelten, dem oberen Teil der 8, und dem unteren Teil der 8, die für unsere irdische Existenz steht.

Themen der 8 in der Engelnumerologie

Lernen, mit Macht achtsam umzugehen; Achtung und Respekt vor sich und anderen; Achterbahnen vermeiden – stattdessen das ausgewogene Programm der »liegenden 8« annehmen; Ausgleich und Gerechtigkeit; Menschen und Aufgaben, die man aus früheren Leben als »karmische Programme« mitgenommen hat; einige Wegbegleiter als Hilfe und Unterstützung, die Energien wieder ins Fließen bringen; Unendlichkeit, Leben ohne Anfang und Ende, wie bei einem Ring.

Erzengel Haniel in der Tradition

Sein Name bedeutet »Herrlichkeit Gottes« und auch »Gnade Gottes«. Man findet unter anderem auch die Schreibweisen Hanael und Aniel. Haniel soll den biblischen Henoch, einen Nachkommen des Set, noch vor dessen Tod in den Himmel entrückt haben. Andere meinen, dass Raguel, siehe 10, dies gemacht habe. Im Himmel wurde Henoch dann, so berichten einige Quellen, in den Erzengel Metatron verwandelt; siehe 12. Haniel wird auch der chaldäischen Göttin Ishtar gleichgesetzt, die unter anderem Herrscherin der Venus ist, als Abendstern ein »Stern der Liebe«. Haniel zählt zu den Schöpfungsengeln, also jenen Engeln, welche die Schöpfung auf Geheiß Gottes ausgestaltet haben. Und er gilt von alters her als ein starker Amulettengel, mit dem sich Böses abwehren lässt.

9: Erzengel Zadkiel

In der 9 ist 3 mal die 3 enthalten. Damit werden die 3 mal 3 Ebenen von Sinneserfahrungen, Gefühlen und Gedanken, von Körper, Geist und Seele und von wirkender Kraft, Liebesenergie und ewiger Quelle symbolisiert. Die 9 bringt zum guten Abschluss und erhebt – durch Mitgefühl, Selbstlosigkeit, Barmherzigkeit. Dafür steht der Erzengel Zadkiel.

Themen der 9 in der Engelnumerologie

Die Zahl der Spiritualität; Beenden und vollkommenes Abschließen; alles Vergangene hinter sich lassen; alte Türen schließen, dann öffnet sich sofort eine andere mit zuvor schier unglaublichen, neuen Perspektiven; sensitiv alles Positive und Wichtige sekundenschnell erfassen; starke Intuition und Herzenergie; Vorsicht vor Süchten, stattdessen geistige und seelische Ebenen erweitern und weitere Schritte gehen.

Erzengel Zadkiel in der Tradition

Sein Name bedeutet »Rechtschaffenheit Gottes«. Andere Schreibweisen sind Zadakiel, Zedekiel und Tzadkiel. Zadkiel ist ein Engel der Güte und Barmherzigkeit sowie der Erinnerung und der Freiheit. Er gilt als Schutzpat-

ron aller Menschen, die bereit sind zu vergeben. Zadkiel wird bisweilen als der Engel genannt, der Abrahams
Arm zurückhielt, als dieser seinen Sohn Isaak als Opfer
töten wollte. Dieser Engel wird von zahlreichen Autoren
als Regent des Planeten Jupiter und damit auch als Herrscher des Wochentages Donnerstag bezeichnet.

10: Erzengel Raguel

Die 10, die Wiederholung der 1 mit einer 0 dahinter, bedeutet einen Durchbruch, die Entwicklung auf eine höhere Ebene hin. Nach Abschluss der Reife beginnt ein
ganz neuer Zyklus mit einer größeren Kraft. 10 Gebote
weisen Christen den Weg, über 10 Körperöffnungen (ein-
schließlich des Dritten Auges) sind wir mit der Umwelt
verbunden. In der Engelnumerologie ist Erzengel Raguel
Vertreter dieser Zahl. Der Durchbruch der 10 hat immer
auch mit Reinigung und Erlösung zu tun.

Themen der 10 in der Engelnumerologie

Das Neue, das sich ergibt oder auch Umstellungen und
Änderungen erfordert; alles wertfrei annehmen und sich
für neue Energien und Menschen öffnen; Eigenliebe –
aber auch auf andere schauen und sie am Leben teilneh-
men lassen; integrieren; den 10. Teil geben, also »spen-
den« und teilen; die Alleinheit Gottes spüren und auch
mit sich selbst voll und ganz eins sein.

Erzengel Raguel in der Tradition

Sein Name bedeutet »Freund Gottes«. Obwohl er bei
Henoch als einer unter 7 Erzengeln aufgeführt ist, hat
ein Konzil in Rom im Jahre 745 Raguel und Uriel sowie
weitere »hochrangige« Engel aus der allgemeinen Vereh-

rungsliste gestrichen. Man hatte das Gefühl, dass zu viele Engel verehrt würden und damit die Ausrichtung auf die heilige Dreieinigkeit verwässert würde. Auch Raguel schreiben einige Autoren das Verdienst zu, Henoch in den Himmel entrückt zu haben; Haniel gilt ja als ein anderer Engel dieser Tat. Raguel soll zudem Engel, die vom Himmelswege abweichen, die Rechnung ausstellen. Er steht allgemein für Gerechtigkeit, Fairness und Harmonie.

11: Erzengel Sandalphon

Die 11, die erste zweistellige Primzahl[*], ist eine sogenannte Meisterzahl. Meisterzahlen sind Doppelzahlen wie 11, 22, 33 und so fort. In ihnen potenziert sich die Kraft der einzelnen Zahlen, sie wirken auf der irdischen und auf der geistigen Ebene. Erzengel Sandalphon, der nach einigen Überlieferungen früher als Elias auf der Erde gelebt haben soll, ist Repräsentant von Meisterschaft in der sichtbaren und der unsichtbaren Welt und deshalb Träger der Zahl 11. Die Stichworte Idealismus und Erleuchtung gehören hierher.

Themen der 11 in der Engelnumerologie

Meisterschaft für sich selbst und das eigene Leben übernehmen; Dualität in jedem Bereich erfahren und annehmen können; das Polarisieren meiden; sich selbst und den Mitmenschen in Liebe umarmen können; Wertungen und Kritiken nach und nach ablegen; göttliche Liebe spüren und empfangen dürfen; Jesus in den Alltag integrieren; Seelenwachstum.

[*] Eine nicht durch andere Zahlen außer durch 1 und durch sich selbst teilbare Zahl.

Erzengel Sandalphon in der Tradition

Sein Name bedeutet vermutlich »Mit-Bruder«. Der Engel Sandalphon wird auch als Zwillingsbruder des Engels Metatron beschrieben. Beiden ist gleich, dass sie zuerst als Menschen auf der Erde gelebt haben sollen, bevor sie zu Erzengeln erhoben und verwandelt wurden – Sandalphon war demnach der Prophet Elias. Man liest jedoch auch, dass Sandalphon die weibliche Form eines Cherubs sei, der an der Bundeslade steht. Dieser Erzengel gilt als Meister des Himmelsgesangs. Moses nannte Sandalphon, als er ihn im 3. Himmel erblickte, den »großen Engel«, weil sein Kopf bis an die höchsten Himmel gereicht habe. Sandalphon sammelt die Gebete der Gläubigen und macht daraus eine Girlande, die er empor zu Gott sendet.

12: Erzengel Metatron

12 Apostel, 12 Tierkreiszeichen, 12 Monate, 12 Stämme Israels, 12 Tag- und 12 Nachtstunden – die Zahl 12 ist wahrlich eine zentrale Zahl im Leben der Menschen. Vergebung und Auflösung von Karma, Erfüllung von Lebensaufgaben, Einheit und Ganzheit zwischen Einzelnem und Gruppe sind einige Stichworte zu dieser Zahl. Es geht auch um die bewusste Mitarbeit am schöpferischen Plan durch solche Wesen, die für ihren göttlichen Ursprung erwacht sind. Deshalb symbolisiert der Erzengel Metatron die 12.

Themen der 12 in der Engelnumerologie

Sich als Teil eines Ganzen (Natur, Welt, Universum) sehen; das Denken und Fühlen erweitern; alle Wesen im engeren und weiteren Umfeld spüren und annehmen

können; immer wieder zeigen sich Familienthemen aus
früheren und dem jetzigen Leben, auch als Gruppenthemen; Vollkommenheit und Liebe Gottes als Geschenk
erkennen und spüren dürfen.

Erzengel Metatron in der Tradition

Was der Name bedeutet, ist weitgehend ungeklärt. Zwei
Vorschläge lauten: »Der hinter dem Thron dient« und
»Der auf dem Thron neben dem Thron der Herrlichkeit«
sitzt. Eine andere Ansicht meint, der Name Metatron bedeutet »der geringere Jahwe«. Metatron soll der Henoch
sein, der in den Himmel entrückt wurde und dort nun
als Erzengel vielen als der höchste Engel gilt, auch noch
höher als die Erzengel Michael, Gabriel und Raphael.
Es heißt, dass Metatron den Willen des Schöpfers an die
Propheten und andere Engel sowie an Dämonen übermittelt. Der Sohar, ein Werk der jüdischen Mystik, teilt
mit, dass Metatron das jüdische Volk beim Exodus aus
Ägypten durch die Wüste führte. Heutzutage ist Metatron gerade in der Esoterik wieder sehr populär.

Engelzahlen der Tage, Monate und Jahre

In den Zahlen der einzelnen Tage vom ersten bis zum letzten Tag eines Monats, also von 1 bis 31, in den Zahlen der Monate von Januar bis Dezember, also von 1 bis 12 sowie in den Jahreszahlen, hier von 1900 bis 2025 beschrieben, sind die verschiedensten Engelkräfte verborgen, die wir auf ganz persönliche Weise nutzen können. Wenn Sie es mit Zahlen des Kalenders zu tun haben und wenn Sie über ein Datum mehr wissen möchten, so kann Ihnen dieses Kapitel grundlegende Informationen dazu geben.

Es kann sein, dass Sie einen Geburtstag nachschauen möchten, einen Jahrestag besser verstehen wollen, einen beruflichen Termin überlegen oder private Angelegenheiten, Treffen oder Ferien planen. Bei diesen und vielen anderen Gelegenheiten – wir sind ja ständig mit irgendeinem Datum beschäftigt – hilft es, mehr über die Engelenergie des jeweiligen Tages zu erfahren.

Bei dieser einfachen und aussagekräftigen Form der Engelnumerologie müssen Sie nichts berechnen und keine Quersummen bilden. Sie schauen einfach zu jedem Datum, dessen Engelkräfte Sie kennenlernen und nutzen wollen, drei Elemente an:

- den Tag des Datums, also eine Zahl zwischen 1 und 31
- den Monat des Datums, also eine Zahl zwischen 1 und 12
- das Jahr des Datums, Sie finden in diesem Buch die Jahre von 1900 bis 2025.

Die *Engelzahl des Tages* wirkt, wie der Name es schon sagt, nur kurzfristig, eben einen Tag lang. Dadurch fällt es den meisten Menschen jedoch leichter, die Engelkraft dieser kurzen Zeitspanne zu spüren und aktiv zu nutzen, als sie das zum Beispiel bei der Engelenergie eines Monats oder eines Jahres könnten. Die Engelzahl des Tages hat viel mit unseren Gefühlen zu tun, damit, wie wir uns körperlich spüren und wie unsere »Tagesform« ist. An einem Tag haben wir mehr, am anderen weniger Kraft. Das liegt oft daran, dass wir uns noch nicht bewusst und richtig auf die »Tagesqualität« eingestellt haben oder uns sogar dagegen wehren. Wenn wir die Engelkraft des Tages kennen, können wir sie dazu nutzen, mehr bei uns selbst und bei unserer Tagesaufgabe zu sein.

Die Engelzahl des Monats vermittelt Einsicht in Ziele und Pläne, die in einer überschaubaren Zeit auftauchen bzw. sich verwirklichen lassen. Bei der Engelzahl des Monats geht es häufig um Einzelentscheidungen, die über den Tag hinausreichen, aber keine grundsätzliche Weichenstellung für das ganze Leben bedeuten.

Die Engelzahl des Jahres gibt ein Grundthema und die Inhalte, Chancen und Herausforderungen für die Zeitspanne von 12 Monaten an. Die Engelzahl des Jahres – bzw. die Engelkraft, die darin steckt – gibt uns einen Hinweis darauf, wie wir eine bewusste Weichenstellung für einen längeren Zeitraum und den weiteren Lebensweg vornehmen können. Die entsprechende Engelkraft können wir dann bewusst dafür einsetzen.

Während die Energie eines einzelnen Tages von uns recht unmittelbar erspürt wird, fällt uns das bei größeren Zeitabschnitten wie einem Monat oder gar einem Jahr nicht so leicht. Deshalb möchten wir empfehlen, dass Sie für diese längeren Zeitabschnitte auch auf »äußere« Zeichen der Engel zu den Themen achten – vielleicht spricht Sie ein Kollege auf etwas an, zu diesem Thema kommt dann auch noch ein Beitrag im Fernsehen oder Sie lesen etwas in der Zeitung, und dann träumen Sie auch noch davon. Solchen Zeichen lohnt es sich nachzugehen.

❧ · ❧

Engelzahlen der Tage von 1 bis 31

Ich, Jutta Fuezi, habe mich in den letzten Jahren intensiv mit den »Tagesengeln« beschäftigt, auch mithilfe der Engelnumerologie. Nun stelle ich meine Forschungsergebnisse hier erstmals öffentlich vor. Sie finden in der folgenden Übersicht zunächst den Tag im Monat vom 1. bis zum 31., dann den Namen des Engels und manchmal auch abweichende Schreibweisen dieses Namens. Für manche Engel gibt es eine klare Übersetzung ihres Namens bzw. der Aufgaben, die sie erfüllen – das ist dann kursiv gedruckt. Darunter steht dann die jeweilige »Tagesbotschaft«. Selbstverständlich können und sollten Sie diese Botschaft auf Ihre persönlichen Lebensumstände beziehen und für Ihre Fragen und Themen entsprechend abstimmen und individuell deuten.

1. **Raziel** (auch: Galizur): *Offenbarer des Felsens*
   Tagesbotschaft: **Ich erfahre das Leben als Mysterium.**

2. **Gabriel**: *Gott ist meine Stärke*
   Tagesbotschaft: **Meine Stärke kommt von Gott.**

3. **Rahamael**: *Engel der Gnade und Engel der Liebe*
   Tagesbotschaft: **Ich lebe Liebe.**

4. **Oriel** (auch: Auriel): *Licht Gottes*
   Tagesbotschaft: **Ich nehme mein Schicksal an.**

5. **Michael**: *Der wie Gott ist*
   Tagesbotschaft: **Gott ist auch in mir.**

6. **Sofiel**: *Engel der Gartenfrüchte und Gemüsepflanzen*
   Tagesbotschaft: **Ich pflege die Natur.**

7. **Padiel** (auch: Phadihel): *Dieser Engel erschien der Mutter Samsons und verhieß ihr den ersehnten Sohn*
   Tagesbotschaft: **Der Himmel kann auch dann helfen, wenn sonst nichts mehr hilft.**

8. **Zechariel**: *Jehova erinnert sich*
   Tagesbotschaft: **Ich erinnere mich an Gott.**

9. **Tahariel**: *Engel der Reinheit*
   Tagesbotschaft: **Ich werde rein.**

10. **Aniel**: *Engelhüter am Tor des Westwinds*
    Tagesbotschaft: **Ich nehme Vollendung wahr.**

11. **Jophiel** (auch: Iofiel): *Schönheit Gottes*
Tagesbotschaft: **Ich erkenne die Schönheit des Lebens.**

12. **Lahariel**: *Helferengel von Gabriel*
Tagesbotschaft: **Ich öffne mich für Neues.**

13. **Yeruiel** (auch Jeruiel): *Engel des 3. Sephirot, der Engel des Verstehens*
Tagesbotschaft: **Ich wachse durch Verstehen.**

14. **Nuriel**: *Feuer/Engel des Hagels*
Tagesbotschaft: **Göttlicher Schutz umgibt mich.**

15. **Rikbiel**: *Der Wächterengel des göttlichen Thronwagens*
Tagesbotschaft: **Mein Schutzengel ist immer an meiner Seite.**

16. **Rachmiel**: *Erbarmen*
Tagesbotschaft: **Ich lebe mein gütiges Herz.**

17. **Raphael**: *Gott hat geheilt*
Tagesbotschaft: **Heilung kommt letztlich von Gott.**

18. **Barakiel** (auch Barkiel, Barachiel, Barbiel): *Herrscher der Seraphim*
Tagesbotschaft: **Ich baue auf die Liebe und das Licht des Himmels.**

19. **Malkiel** (auch: Malchiel): *Gottes König/Engelhüter am Tor des Südwinds*
Tagesbotschaft: **Ich entfalte mein Potenzial.**

20. **Ramiel:** *Engel des Gerichts*
Tagesbotschaft: **Ich öffne mich für neue Visionen.**

21. **Sandalphon** (auch: Elijah): *Engel der Macht und Herrlichkeit*
Tagesbotschaft: **Ich bitte um die Gabe, die Schöpfung und ihren Schöpfer zu erkennen.**

22. **Azriel** (auch: Asriel): *Empfänger von Gebeten am Nordtor des Himmels*
Tagesbotschaft: **Inspiration begleitet mich.**

23. **Zadkiel** (auch: Tsadkiel): *Gerechtigkeit Gottes/Engel der Barmherzigkeit und des Gedächtnisses*
Tagesbotschaft: **Ich vergebe und ich danke.**

24. **Metatron** (auch: Henoch): *Erhalter der Menschheit*
Tagesbotschaft: **Ich bitte um neue Kraft.**

25. **Ahiel:** *Bruder Gottes*
Tagesbotschaft: **Wir alle sind Kinder Gottes.**

26. **Gasardiel:** *Hüter des Ostens/Übermittler der Gebete der Gläubigen*
Tagesbotschaft: **Ich bedenke den Anfang.**

27. **Kadmiel** (auch: Cadmiel): *Vor Gott*
Tagesbotschaft: **Ich bin mir bewusst, immer vor Gott und in Gott zu sein.**

28. **Anafiel:** *Zweig Gottes/Schlüsselbewahrer der himmlischen Hallen*

Tagesbotschaft: Ich spüre, dass auch die Erde ein Teil des Himmels ist.

29. **Zuriel**: *Mein Fels ist Gott/Engel des Tierkreiszeichens Waage*
Tagesbotschaft: Ich bin geistig wach und klar.

30. **Rumiel**: *Engelhüter des 6.Himmels/Einer von 72 Schutzengeln für Neugeborene*
Tagesbotschaft: Ich danke meinem Schutzengel.

31. **Zagzagael**: *Engel der Weisheit*
Tagesbotschaft: Ich bitte zu erkennen, was ich mir wirklich wünschen soll.

✥ · ✥

Engelzahlen der 12 Monate des Jahres

Die Zahl 12 spielt bekanntlich eine sehr große Rolle. Denken wir an die 12 Apostel, die 12 Stunden des Tages bis 12 Uhr Mittag, die 12 Stunden der Nacht bis Mitternacht, die 12 Monate des Jahres von Januar bis Dezember, die 12 Tierkreiszeichen von Widder bis Fische. Im Folgenden finden Sie eine erste Übersicht zur Orientierung, welche Engel und Erzengel den 12 Monaten und den 12 Tierkreiszeichen im Allgemeinen zugeordnet werden.

I. Monat **Januar**: Engel **Cambiel**
Neue Impulse aus dem höchsten Licht; schöpferische

Kraft auch unter Entbehrungen und Rückschlägen finden und anwenden

II. Monat **Februar**: Engel **Barchiel**

Die eigene innere Quelle, das Überpersönliche im Leben spüren und zum Ausdruck bringen; Prinzip Hoffnung; hohe Ideale

III. Monat **März**: Engel **Machidiel**

Entfaltung, Selbstentfaltung, Vorwärtsgehen; das Leben entdecken; etwas selbst bewegen; sich selbst verwirklichen

IV. Monat **April**: Engel **Asmodel**

Festen Boden finden oder begründen; Strukturen bilden; greifbare Resultate anstreben bzw. dafür arbeiten

V. Monat **Mai**: Engel **Ambriel**

Die Schöpfung mit ihren zahlreichen Gestalten und Farben fasziniert und macht es schwer, sicher zu wählen, was stimmig ist; Vielseitigkeit; der freie Wille darf entscheiden

VI. Monat **Juni**: Engel **Muriel**

Freude an der eigenen Entscheidung; Einfühlung in Gemeinschaft und Familie; Teilhabe und Mitgefühl an der Entwicklung

VII. Monat **Juli**: Engel **Verchiel**

Folgen der früheren freien Entscheidungen; der eigene Wille wird auf die Probe gestellt, inwieweit er zum Wohle des Ganzen wirkt

II. Monat **August:** Engel **Hamaliel**
Erntezeit, die Früchte des früheren Tuns werden sichtbar, Einsammeln und Einordnen der Früchte

IX. Monat **September:** Engel **Zuriel**
Genuss, Austausch, Ebenbürtigkeit, Gemeinschaftserleben, gegenseitiges Wohlwollen

X. Monat **Oktober:** Engel **Barbiel**
Aufbruch neuer Kräfte aus ungeahnten Tiefen; scheinbares Infragestellen bzw. sogar Bedrohung der bisher sicher geglaubten Lebensgrundlagen

XI. Monat **November:** Engel **Adnachiel**
Rückzug in die Stille; Innerlichkeit als Heilung für Verletzungen und Unbegreifbarkeit des Lebens

XII. Monat **Dezember:** Engel **Hanael**
Mysterium und Kraft des inneren Lichts; Erlösung durch neue Hoffnung

Diese Monatsengel gelten zugleich auch als Engel der Tierkreiszeichen. Der Engel des Monats, in dem ein Zeichen beginnt, ist der Tierkreiszeichenengel. Im Folgenden finden Sie die Übersicht dazu mit den entsprechenden kurzen Hinweisen, wie sie auch aus der klassischen Astrologie bekannt sind und die andere Lesart erleichtern können.

Folgerichtig entspricht dem Widder nicht die Zahl 1, sondern die 3. Kein Wunder, wenn wir uns vor Augen halten, dass es eines Samens bedarf – der 1 – und dann eines Mediums, in dem dieser wachsen kann – die 2 –, bevor der Keim sich seine Bahn durch die Erdkruste ins sichtbare Licht bahnt und damit seine Individualität gebiert – die 3. Man kann hier auch die Dreieinigkeit oder Vater – Mutter – Kind in den Zahlen 1 bis 3 erkennen. Menschen, die sich etwas mit Astrologie auskennen, sehen auch, dass die 4 des Stiers eben genau der festen Formgebung entspricht, wofür dieses Sternzeichen steht, die 5 der Vielseitigkeit und dem freien Willen des merkur-betonten Zwillingszeichens und so fort. Das ist also ganz anders als die Häuserzuordnung der Tierkreiszeichen, wobei Widder das erste Haus ist, Stier das zweite und so fort. Uns geht es hier nicht um die klassische Häuserzuordnung, sondern um Engelzahlen. Prüfen und probieren Sie, ob Sie mit der hier vorgestellten Zuordnung wichtige bisher unbekannte Aspekte entdecken oder bekannte ganz neu betrachten können.

3 Widder: Engel Machidiel
Ich will; ich gehe vorwärts; Mars-Energie

4 Stier: Engel Asmodel
Ich bin; ich bringe neue Form; Venus-Energie

5 Zwillinge: Engel Ambriel
Ich denke; ich bin offen für vieles; Merkur-Energie

6 Krebs: Engel Muriel
Ich fühle; ich kümmere mich um andere; Mond-Energie

7 Löwe: Engel Verchiel
Ich herrsche; ich ordne aus dem Herzen; Sonnen-Energie

8 Jungfrau: Engel Hamaliel
Ich prüfe; ich kenne Werte; Merkur- und Chiron-Energie

9 Waage: Engel Zuriel
Ich ernte; ich genieße das Leben; Venus- und Isis-Energie

10 Skorpion: Engel Barbiel
Ich kämpfe; ich strebe zur Wahrheit; Mars- und Pluto-Energie

11 Schütze: Engel Adnachiel
Ich suche; ich finde meinen Weg; Jupiter-Energie

12 Steinbock: Engel Hanael
Ich steige auf; ich finde das Licht; Saturn-Energie

1 Wassermann: Engel Cambiel
Ich bin kreativ; ich finde neue Wege; Saturn- und Uranus-Energie

2 Fische: Engel Barchiel
Ich verschmelze; ich spüre die Ganzheit; Jupiter- und Neptun-Energie

Früher wurden den 12 Tierkreiszeichen gern nur 7 Himmelskörper zugeordnet, eben die von Sonne und Mond über Merkur, Venus und Mars bis zu Jupiter und Saturn. Das entsprach auch den Wochentagen und den Engeln der Planeten und Tage. Dann ist man dazu übergegangen, zunächst 10 Planeten auf die 12 Tierkreiszeichen »zu verteilen«, nämlich zusätzlich Uranus, Neptun und Pluto. Damit blieben aber jeweils 2 Zeichen übrig, die von Venus (Stier, Waage) und von Merkur (Zwillinge, Jungfrau) regiert wurden bzw. von deren Planetenengeln. Moderne Astrologen, zum Beispiel die Schweizer Astro-kinesiologin Yvonne H. Koch[*], geht davon aus, dass es 12 Himmelskörper gibt, also jedes Zeichen einen eige-nen Planetenengel besitzt. Deshalb wurden oben auch diese genannt, nämlich Chiron beim Zeichen Jungfrau und Isis beim Zeichen Waage.

Wenn Sie Ihre Engelzahlen – die Zahlen des Tages, des Monats, des Jahres sowie die Gesamtzahl Ihres Geburts-tags – kennen und sich für die darin aktiven Engelkräfte öffnen, so finden Sie kundige Führung, liebevolle Hil-fe, wertvolle Anregung und reiche Erfüllung für Ihren ganzen Lebensweg und für Ihren Alltag. Deshalb geht es nun nach den Monaten im nächsten Abschnitt um die Engelbotschaften für die Jahre von 1900 bis 2025.

∽ · ∽

Die Botschaften der Jahresengel für die Jahre von 1900 bis 2025

Wichtig wird nun die Qualität des jeweiligen einzelnen Jahres, wir betrachten seine Grundenergie mit Inhalten, Themen und Aufträgen, die sich durch alle seine 12 Mo-nate ziehen. Natürlich wirkt sich diese Grundenergie für jeden Menschen individuell je nach Umfeld und Lebens-

[*] Yvonne H. Koch: Das Praxisbuch der Astrokinesiologie, VAK Verlag Kirchzarten

phase anders aus und hat demzufolge die verschiedensten Erscheinungsformen und Bedeutungen. Eine zweite Grundlage der Botschaften der Jahresengel (neben der Grundenergie) ist auch die Quersumme der Jahreszahl reduziert auf die Ziffern von 1 bis 12.

Interessant für vermutlich alle Leserinnen und Leser ist sicherlich das persönliche Geburtsjahr und die Frage, inwieweit die Themen mit den eigenen Lebensaufgaben auch wirklich übereinstimmen. Dazu drei Beispiele: Wenn ich das bei mir selbst ansehe, mein Geburtsjahr ist 1961, dann habe ich mich auf ein bewegtes Leben mit vielen Herausforderungen und Aufgaben eingelassen, aber auch auf positive Wegbegleiter, die ich aus früheren Leben kenne. Die Botschaft dieses Jahres mit dem Inhalt Natur, Naturwesen und Engel als Hilfe und Heilkraft passt für mich sehr gut und ist stimmig, seit dem 40. Lebensjahr lebe ich das auch bewusst und intensiv.

Schauen wir ein zweites Beispiel an, das Geburtsjahr meiner Tochter, nämlich 1990. Allein entscheiden und handlungsfähig sein wird teilweise schon jetzt, verstärkt jedoch ab der Lebensmitte einer ihrer Schwerpunkte sein. Die Engelbotschaft geht in die Richtung von Sensitivität und Intuition, aber auch dahin, Eigenliebe zu leben und zuzulassen. Das Thema »Liebe geben und nehmen« wird sich durch ihr ganzes Leben ziehen.

Wenn ich mir als letztes Beispiel das Geburtsjahr meines Vaters, nämlich 1927, näher betrachte, wird mir bewusst: Ab der Lebensmitte musste er aufgrund meiner phasenweise sehr kränkelnden Mutter eigenständig entscheiden und handeln. Er fühlte sich dabei wohl öfter alleingelassen. Die Engelbotschaft bewahrheitete sich hier voll und ganz: das Leben als Abenteuer sehen und

Wunder und Chancen immer wieder annehmen können und dürfen.

Interessant sind auch die Botschaften, die wir für die Jahre der beiden Weltkriege erhalten haben. Und wenn wir uns die Jahre anschauen, die noch in der Zukunft liegen, dürfen wir einen kleinen Blick hinter den »Vorhang« wagen. Schauen Sie sich Ihr Geburtsjahr einmal an – was bestätigt sich für Sie und wie leben Sie die Engelbotschaft – wo hat sie sich bewahrheitet? Und wie schaut das bei Ihrem Partner oder Ihrem Kind aus?

Bei fast allen Jahren lesen Sie, welcher Erzengel für dieses Jahr zuständig ist. Das ergibt sich in der Engelnumerologie aufgrund der Quersumme des betreffenden Jahres, die zwischen 1 und 12 liegt. In einigen wenigen Jahren tauchen zwei Erzengel auf, nämlich dann, wenn die Quersummen 10, 11 oder 12 sind.

Wenn die Quersumme 10 ist und dann 1 + 0 = 1, dann finden wir die Erzengel Raguel = 10 und Michael = 1.

Wenn die Quersumme zuerst 11 ist und dann 1 + 1 = 2 tauchen die Erzengel Sandalphon = 11 und Gabriel = 2 auf.

Bei der Quersumme von 12 und dann 1 + 2 = 3 sind es Erzengel Metatron = 12 und Raphael = 3.

Ein letzter Hinweis: Die Botschaften der Jahresengel wurden mir in der persönlichen Du-Anrede übermittelt, die ich im Folgenden auch so weitergebe.

1900 Jahresengel **Michael + Raguel**

Entdecke alle deine Gaben und Talente, deine positiven Veranlagungen und alle Fähigkeiten in dir und setze sie um. Stelle dein Licht nicht unter den Scheffel – lebe es, für dich und für alle Menschen, die rund um dich sind! Sei offen für andere!

1901 Jahresengel **Gabriel + Sandalphon**

Ordne deine Gedanken und achte auf alle Worte und Taten, die diesen folgen. Warum bist du hier und was ist der wirkliche Sinn in diesem Leben? Erinnere dich wieder an deine ursprünglichen Aufgaben – geh direkt auf dein Lebensziel zu.

1902 Jahresengel **Raphael + Metatron**

Vergiss nicht unsere Mutter Erde und hüte und schütze sie gut. Verwurzel dich wieder in ihr und nutze ihre starke Energie, um dich selbst wieder voll und ganz spüren zu können. Alles, was du der Erde gibst, bekommst du vielfach zurück!

1903 Jahresengel **Uriel**

Nimm deine Familie liebevoll an, die Menschen, die direkt neben dir sind. Akzeptiere sie mit all ihren Einschränkungen und Fehlern, dann wirst auch du so geliebt werden, wie du bist. Alle deine Ahnen stehen hinter dir und unterstützen und stärken dich.

1904 Jahresengel **Jophiel**

Die Natur ruft dich – geh hinaus und bewege dich mehr. Sie wird dir Kraft geben und dich trösten, wenn es dir nicht gut geht. Öffne alle Sinne, wenn du über eine Wiese oder durch einen Wald gehst. Du brauchst diese Energie für deine Seele.

1905 Jahresengel **Chamuel**

Du hast dir eine Menge für dieses Leben vorgenommen. Erkenne die Aufgaben und Themen, die für dich wichtig sind. Deine Seelenfamilie im geistigen Bereich wird dir dabei helfen. Bitte sie um Unterstützung, dann zeigen sich deine Lebensthemen klar.

1906 Jahresengel **Zachariel**

Nimm neue Herausforderungen freudig an, denn sie führen dich einen großen Schritt weiter. Es liegen nur jene Steine auf deinem Weg, die du auch wegräumen kannst und willst. Aktiviere alle deine Kräfte und nimm auch Hilfe und Unterstützung an.

1907 Jahresengel **Haniel**

Du bist nicht allein und kein Einzelkämpfer in deinem Leben. Aktiviere Urvertrauen und deinen Glauben an eine höhere Macht, die dich führt und unterstützt. Gib nicht auf, wenn es nicht gleich klappt – bleib geduldig und mach den nächsten Schritt.

1908 Jahresengel **Zadkiel**

Alles, was du jetzt erledigen und beenden willst, ist auch möglich. Es gibt Themen, die schon hinter dir liegen – lass Heilung zu! Mit deinem inneren Potenzial und allen Menschen an deiner Seite schaffst du das auch – glaube an dich und deine Kraft.

1909 Jahresengel **Michael**

Du erlebst eine Zeit, die dir Entscheidungen und Richtungswechsel abverlangt. Wäge diese genau ab und hinterfrage, was für dich wirklich passt. Versuche, in deine Intuition zu gehen und dich von der Herzenergie führen zu lassen – dann geht alles!

1910 Jahresengel **Gabriel + Sandalphon**

Befreie dich von alten Energien und Themen – du schleppst einiges mit dir, das du schon länger nicht mehr brauchst. Löse dich von unnötigem Ballast und öffne deine Augen und dein Herz für wirklich Wichtiges in deinem Leben. Befreie dich!

1911 Jahresengel **Raphael + Metatron**

Auch wenn der Alltag mit all seinen Belastungen und Problemen seinen Tribut fordert, solltest du nicht in seinem Trott versinken. Schau um dich und öffne dich für die Freuden und Sonnenseiten des Lebens. Und da gibt es vieles, du wirst sehen!

1912 Jahresengel **Uriel**

Es gibt kleinere und größere Wunder in deinem Leben – nimm sie wahr. Sei fröhlich und feiere alles Wunderbare und Schöne, was sich rund um dich ergibt. Nimm dein Leben als Geschenk an und geh diesen Weg bewusster und glücklicher als bisher.

1913 Jahresengel **Jophiel**

Alle deine Sorgen und Probleme wirst du gut bewältigen können, denn du hast alles mitbekommen, um das auch zu schaffen. Aktiviere dein inneres Potenzial und mach den ersten Schritt. Bleib zuversichtlich und positiv – es wird gut weitergehen!

1914 Jahresengel **Chamuel**

Wir sehen nur ein Puzzle vom Gesamten – du wirst nicht für alles in diesem Leben den Sinn erkennen, der dahinter steht. Jetzt noch nicht. Erinnere dich an deine Aufgaben, die du dir vorgenommen hast, und nimm sie an. Das wird dich stärken!

1915 Jahresengel **Zachariel**

Auch wenn deine Familie Probleme hat oder gerade zerfällt – vergiss nicht, dass eure Seelen niemand trennen kann. In der geistigen Welt werdet ihr euch alle wieder sehen. Segne alle Familienmitglieder und bitte Gott und Jesus um Schutz und Hilfe!

1916 Jahresengel **Haniel**

Wenn du verzweifelt bist und meinst am Boden zu liegen, schau dich um: Es gibt jemanden, der dir helfen kann. Nimm jede Hilfe an, die dir angeboten wird, und gib sie auch weiter, wenn es dir möglich ist. Du bist stark und gehst deinen Weg.

1917 Jahresengel **Zadkiel** (Jahr der Erscheinungen der Engelkönigin Maria in Fatima)

Was du in diesem Leben erlebst, hast du dir auch vorgenommen – auch wenn dir das sehr unwahrscheinlich vorkommt. Es gibt immer Mittel und Wege und neue Möglichkeiten. Sieh um dich – es wird sich etwas Neues zeigen, das dir hilft.

1918 Jahresengel **Michael**

Deine Ahnen halten die Hand über dich und helfen dir. Sie haben alles aktiviert, was dir Unterstützung und Kraft bringt. Wenn du die Augen schließt, wirst du ihre Anwesenheit spüren und deine Familie im geistigen Bereich wahrnehmen können.

1919 Jahresengel **Gabriel**

Neue Energien und neue Kräfte sind in dir und wollen aktiviert und gelebt werden. Denken, Sprechen und Handeln in absoluter Klarheit hilft dir in dieser Phase. Vermeide alles, was verdeckt oder verschleiert ist, lebe deine Wahrheit – jetzt!

1920 Jahresengel **Raphael + Metatron**

Alles, was dich aus deiner Vergangenheit her belastet, kannst du jetzt vollkommen loslassen. Übergib es vertrauensvoll deinen geistigen Führern und Engeln. Sie helfen dir, alte Verletzungen und Einschränkungen aufzulösen und dich zu befreien.

1921 Jahresengel **Uriel**

Du bist nur das Opfer von anderen Menschen oder Umständen, wenn du es auch zulässt. Du kannst aber auch deine Entscheidungen selbst treffen und dein Leben neu und nach deiner Vorstellung gestalten. Du hast es in der Hand, sonst niemand!

1922 Jahresengel **Jophiel**

Ungeahnte Kräfte und Fähigkeiten schlummern in dir und wollen befreit und gelebt werden. Entdecke neue Aufgaben und Herausforderungen, die du bewältigen kannst und willst. Geh deinen Weg weiter und lass dich nicht von anderen aufhalten.

1923 Jahresengel **Chamuel**
Du musst nicht alles allein machen und dich jeden Tag aufs Neue mühsam abrackern – du hast eine Menge Engel und Helfer um dich, die dich über einige Steine tragen werden und dürfen. Nimm die Hilfen an, du verdienst sie!

1924 Jahresengel **Zachariel**
Hab ein wenig Vertrauen zu deinem Gott und Jesus. Alle seine Engel sind um dich und begleiten dich. Die liebevolle göttliche Energie hüllt dich ein und du spürst sie, wenn du es auch zulässt. Entdecke dein inneres Licht und lass es leuchten.

1925 Jahresengel **Haniel**
Ruhe und Besonnenheit helfen dir, dich immer wieder zu sammeln und neue Kräfte zu bekommen. Teile dir deine Energie gut ein und investiere sie nur in Menschen und Themen, die es auch wert sind. Werde innerlich ruhig und spüre deine Seele.

1926 Jahresengel **Zadkiel**
Es werden noch viele Menschen in diesem Leben kommen und gehen. Nimm die Veränderungen mit Zuversicht an – nur so kannst du dich weiterentwickeln. Lass es zu, dass sich ein altes Fenster schließt, denn es wird sich sofort ein neues öffnen!

1927 Jahresengel **Michael**
Das Leben ist ein Abenteuer und als solches solltest du es auch sehen. Trau dir zu, deine Schritte souverän zu ge-

hen, auch wenn Rückschläge und Verunsicherungen auf deinem Weg liegen. Es warten noch Wunder und große Chancen auf dich!

1928 Jahresengel **Gabriel**

Bei jeder Krankheit deines Körpers oder deiner Seele darfst du alles aktivieren, was du an Hilfen um dich hast: auch aus dem geistigen Bereich. Bitte deine Engel um Heilung und Gesundheit auf allen drei Ebenen. Sie werden dir sofort zu Hilfe eilen.

1929 Jahresengel **Raphael**

Alles, was du an Positivem aussendest, bekommst du vielfach zurück. Jeder gute Gedanke, jedes schöne Gefühl und jedes liebevolle Wort wird vermehrt zu dir zurückkommen. Lebe bewusst und achte auf alles, was du von dir selbst gibst.

1930 Jahresengel **Uriel**

Du wirst mehr gebraucht, als du vermutest. Du hast dir so vieles vorgenommen, und es gibt Menschen in deinem Umfeld, die dir vertrauen und deine Hilfe brauchen und auch annehmen. Erkenne stets, wo dein Umfeld deine Unterstützung sucht.

1931 Jahresengel **Jophiel**

Es zeigen sich neue Chancen, um dein Bewusstsein und dein Seelenpotenzial zu erweitern. Aktiviere deine geistigen Fähigkeiten, um neue Energien und Möglichkeiten erkennen und leben zu können. Öffne alle deine Sinne für dein Bewusstsein!

1932 Jahresengel **Chamuel**

Wenn du hinter die Fassade von Menschen und Ereignissen schaust, wirst du immer mehr die Wahrheiten und den Sinn dahinter spüren können. Lass auch deine Maske fallen, denn du brauchst sie nicht mehr. Lebe offen und vertraue dir selbst.

1933 Jahresengel **Zachariel**

Du hast so vieles in dir – befreie und lebe es. Deine Fähigkeiten aus allen vorigen Leben hast du in dieses mitgenommen und sie wollen genutzt werden. Alles, was du wirklich willst, wird dir auch gelingen, und du kannst dir Träume und Ziele erfüllen.

1934 Jahresengel **Haniel**

Der Ursprung von allem ist Gott – und seine Liebe. Wenn du diese Liebe in dein Leben lässt, kann gar nichts schiefgehen und du wirst alles gut schaffen können. Bitte deine Engel, dir dabei zu helfen, die göttliche Urkraft in dein Leben zu bringen.

1935 Jahresengel **Zadkiel**

Auf deinem Lebensweg gibt es immer wieder Kreuzungen und mehrere Möglichkeiten. Je klarer du deine Entscheidungen triffst, desto besser wirst du auf ihm unterwegs sein. Lass dich von deinen himmlischen Helfern dabei beraten.

1936 Jahresengel **Michael**

Begegne deinen Mitmenschen mit Liebe und Achtung. Alles, was du selbst von ihnen erhalten willst, solltest du deinem Umfeld auch geben. Grundvoraussetzung dafür ist aber auch, dass du dich selbst liebevoll umarmen und annehmen kannst und willst.

1937 Jahresengel **Gabriel**

Kreativität und gute Ideen sind in dir und können dir bei neuen Projekten und Beziehungen helfen. Suche nach neuen Wegen und Möglichkeiten – dein Lebensweg bietet dir eine Menge davon an. Öffne dich, dann siehst du sie auch.

1938 Jahresengel **Raphael**

Auch wenn es im Außen nicht immer positiv ist – deine Seele will Freude und Frieden leben und auch anderen geben. Wenn du diese Energie zulässt, wirst auch du eine Menge davon bekommen und leichter Schritt für Schritt weitergehen können.

1939 Jahresengel **Uriel**

Wir wissen niemals, was das Leben in der Zukunft bringt, daher sollten wir uns auf den Augenblick konzentrieren. Wenn du das schaffst und in dieses Bewusstsein gehen kannst, wird dir diese Zeit leichter fallen und besser zu bewältigen sein.

1940 Jahresengel **Jophiel**

Hass erzeugt nur wieder Hass und ist eine ebenso starke Verbindung wie die Liebe. Auch wenn es schwer ist: Bemühe dich, in der Energie der Liebe und Toleranz zu bleiben und für dich positive Momente, Begegnungen und Worte zu finden.

1941 Jahresengel **Chamuel**

Gott hat uns die Kraft und Ausdauer für dieses Leben mitgegeben. Vertraue darauf, dass du alles in dir hast, um jeden Tag gut zu schaffen, auch wenn es drunter und drüber gehen sollte. Du hast die Kraft in dir, um gut über die Runden zu kommen!

1942 Jahresengel **Zachariel**

Sei ehrlich und aufrichtig dir gegenüber! Schaue dich um und lass Energien, die dich schwächen und einschränken, nicht an dich heran. Stell dir vor, dass dich deine Engel in einen starken unüberwindbaren Schutz einhüllen, und fühle dich geborgen.

1943 Jahresengel **Haniel**

Wenn alles belastend ist rund um dich – vergiss nicht auf deine Träume und deine Visionen zu achten. Deine Seele kennt auch jetzt noch alle Pläne und Erwartungen und alles, was sie sich für dieses Leben vorgenommen hat. Bewahre deinen Traum!

1944 Jahresengel **Zadkiel**

Schau auf dich und deine Bedürfnisse, damit du zumindest das Notwendigste hast, was du brauchst. Deine Engel helfen dir, dich wieder zu spüren und dich ein wenig zu entspannen. Halte inne und atme durch – das gibt Kraft für den nächsten Schritt.

1945 Jahresengel **Michael**

Vertraue auf deine Intuition und dein Bauchgefühl. Du spürst, dass du bald wieder handeln und dein Leben bestimmen kannst. Du kennst deine innere Wahrheit und hast die nötige Kraft und Ausdauer, um alles Belastende abschließen zu können.

1946 Jahresengel **Gabriel**
Gott und alle seine Engel beschützen dich und deine Familie. Lege alles Schwere und Einschränkende in seine Hände – Hilfe wird kommen. Schritt für Schritt wird es dir wieder besser gehen, und du wirst dich und deine Energie wieder spüren dürfen.

1947 Jahresengel **Raphael**
Der Erzengel Raphael arbeitet mit dem Engel des Friedens eng zusammen und beide bringen neue Ruhe und viel liebevolle Energie auf die Erde. Sie sorgen dafür, dass wieder Sanftmut und Vertrauen in die Herzen der Menschen einkehren.

1948 Jahresengel **Uriel**
Auch wenn alles eingeschränkt ist, nach und nach wird alles wieder mehr werden: das Brot und die Lebensfreude. Es wird noch etwas dauern, aber bald hast du wieder alles, was du für dieses Leben an irdischen Gütern und wichtigen Energien brauchst.

1949 Jahresengel **Jophiel**
Es ist eine Zeit, in der sich in den einzelnen Familien viel bewegt – erfreuliche Veränderungen sind vorgesehen. Bleibe zuversichtlich: Es kann jemand zu dir kommen als echte Hilfe und Bereicherung. Öffne dich für Neues in deinem Leben.

1950 Jahresengel **Chamuel**

Unsere ganze Unterstützung sollten wir den Schwächsten in unserer Gesellschaft geben: den alten und kranken Menschen und den Kindern. Alles, was du an Liebe und Hilfe gibst, wird hundertfach zu dir zurückkommen. Du wirst gebraucht.

1951 Jahresengel **Zachariel**

Du kannst nur etwas erreichen, wenn du auch bereit bist, etwas von dir zu geben. Alles, was aus dem Herzen kommt, kann sich auch verwirklichen und sich erfüllen. Hinterfrage alle Wünsche und Träume genau, ob sie dich auch glücklich machen.

1952 Jahresengel **Haniel**

Alles, was wir erzwingen wollen, wird uns nicht glücklich machen, weil wir Druck auf uns und andere ausüben. Lass alles los, was du gern hättest, und übergib es deinen Engeln und Jesus – wenn es für dich wichtig ist, wird es sich auch erfüllen.

1953 Jahresengel **Zadkiel**

Neue Ziele und Wege zeigen sich – lass dich nicht von anderen Menschen und Energien bremsen oder verunsichern. Vertrau auf deine innere Stimme: Sie wird dir sagen, wie du diese Wege am besten gehen und andere mitnehmen kannst.

1954 Jahresengel **Michael**

Du bist auf die Erde gekommen, um deinen Lebensplan zu erfüllen und Gutes zu tun. Bemühe dich, Licht und Liebe zu geben und auch anzunehmen. Sei es dir wert, dass du alles lebst, was wichtig für dich ist, und dass du dich so annimmst, wie du bist.

1955 Jahresengel **Gabriel**

Alle Differenzen und Disharmonien, die dir jetzt begegnen, kannst du nur ausräumen, wenn du liebevoll mit dir und deinem Mitmenschen umgehst. Berücksichtige und betrachte den Standpunkt deines Gegenübers, erst dann ist eine Lösung möglich.

1956 Jahresengel **Raphael**

Bring deine Begabungen zum Ausdruck – äußere dich! Egal, ob du gute Gespräche führst, dich künstlerisch oder spirituell beschäftigst und weiterentwickelst, wichtig ist, dass du die Schwingungen deiner Seele, also die Herzenergie, ins Außen bringst.

1957 Jahresengel **Uriel**

Teile dir deine Kraft gut ein und überlege dir, wohin du sie fließen lässt. Nimm dir und anderen Druck, indem du deine Energie wirklich liebevoll lebst. Aber mach dich nicht schwächer, als du bist, und lass deine Stärke für dich und andere Menschen zu.

1958 Jahresengel **Jophiel**

Mach nur Kompromisse, wenn es unbedingt notwendig ist und nicht anders geht. Ansonsten darfst du nach den Sternen greifen und deine Träume leben und verwirklichen. Du verdienst das Beste und darfst dir deine Wünsche erfüllen.

1959 Jahresengel **Chamuel**

Es ist gut, auf deinen Körper zu achten, aber das allein ist nicht genug. Auch Geist und Seele brauchen von dir Nahrung und Beachtung. Erweitere deinen geistigen und seelischen Horizont, sei es mit Kunst, Spiritualität, Natur oder durch innige Gebete.

1960 Jahresengel **Zachariel**

Du hast dir für dieses Leben auch vorgenommen, anderen Menschen zu helfen, sie zu begleiten und auch zu beraten. Zweifle nicht an deinen Fähigkeiten und unterschätze dich nicht. Setze alles bereits Erlernte um und gib es an andere weiter.

1961 Jahresengel **Haniel**

Die Natur ist der größte Heiler, und du kannst ihre liebevolle und vielfältige Hilfe dankbar annehmen. Wenn es dir nicht gut geht, geh hinaus und spüre alle Wesen aus dem geistigen Bereich und deine Engel, die dir dort noch mehr helfen können.

1962 Jahresengel **Zadkiel**

Der Erzengel Zadkiel hilft dir, neue Ideen und Situationen in deinem Leben zu erschaffen, um Stillstand zu vermeiden. Er behütet, leitet und beschützt dich bei deiner Suche nach neuen Möglichkeiten und Erfahrungen. Er ist immer bei dir.

1963 Jahresengel **Michael**

Für jedes Thema gibt es einen richtigen Zeitpunkt, der genutzt werden will. Lass dich nicht irritieren und in deine Ängste fallen: Es kann nur gut gehen, wenn du dich zum richtigen Zeitpunkt (und den spürst du genau) mit vollster Überzeugung entscheidest.

1964 Jahresengel **Gabriel**

In Zeiten von Unruhe und Stress solltest du immer wieder zu dir zurückfinden, indem du zur Ruhe kommst. Erst dann wirst du inneren Frieden und Wohlbefinden mit dir selbst spüren. Zieh dich immer wieder ein wenig zurück – dann hast du wieder Kraft!

1965 Jahresengel **Raphael**

Mit dem Erzengel Raphael kannst du alles in deinem Leben heilen – egal, ob körperlicher, geistiger oder seelischer Natur. Er führt dich zu Menschen und Heilmethoden, die genau in dieser Situation für dich passen. Nimm seine Hilfe an.

1966 Jahresengel **Uriel**

Das ganze Leben besteht aus Lernen. Nimm deine Lernprogramme freudig an, denn nur so kann sich deine Seele weiterentwickeln. Sammle Informationen in jedem Bereich und genieße es, dass du lernen darfst. Du brauchst dieses Wissen später.

1967 Jahresengel **Jophiel**

Falle nicht in Ängste und Zweifel, lass die Negativität nicht dein Leben bestimmen. Je positiver und zuversichtlicher du bist und je mehr Urvertrauen du aktivieren kannst, umso mehr Wünsche und Ziele werden sich erfüllen. Vertraue dir und Gott!

1968 Jahresengel **Chamuel** (Todesjahr hl. Pater Pio)
In dem Moment, wo du deine Engel um Hilfe bittest,
werden sie dir diese auch geben. Öffne dich für die Energie Gottes und die Liebe Jesu. Halte dich an die liebevolle Führung Gottes, denn du verdienst die Hilfe des
Himmels wirklich.

1969 Jahresengel **Zachariel**
Wir Menschen sind verantwortlich für die Natur mit allen Tieren und Pflanzen. Wir haben uns vorgenommen,
diese auch zu schützen und zu pflegen. Arbeiten wir mit
den Engeln, indem wir jedes Lebewesen, das uns anver-
traut ist, lieben und achten.

1970 Jahresengel **Haniel**
Bei jeder Entscheidung solltest du hinterfragen, welcher
Weg dich einen Schritt näher zu Gott bringt und welcher nicht. Welche göttlichen Aufgaben hast du dir vorgenommen und wie kannst du sie erfüllen? Entscheide
dich für das Licht!

1971 Jahresengel **Zadkiel**
Du hast dir vorgenommen, alle alten Verletzungen und
jegliche Unversöhnlichkeit zu heilen und in Frieden und
mit Liebe zu leben. Erst wenn du Ärger und Negatives
von früher her gelöst hast, wirst du dich für tiefe und
echte Gefühle öffnen können.

1972 Jahresengel **Michael**
Du kannst alle Ängste und Einschränkungen weglegen:
Du bist geschützt, von Gott, Jesus und deinen Engeln,
vor allem auch deinem Schutzengel. Der Erzengel Mi-

chael schneidet alles durch, was dich bedroht. Entspanne dich, denn du bist in Sicherheit.

1973 Jahresengel **Gabriel**

Du bekommst immer wieder Botschaften aus dem geistigen Bereich. Diese werden dir im Traum, aber auch im Wachzustand vermittelt. Meditation und Gebet helfen dir, diese immer stärker zu empfangen. Öffne dich für die Liebe deiner Seelenfamilie.

1974 Jahresengel **Raphael**

Immer wieder kannst du etwas vollkommen abschließen und hinter dir lassen, sei es ein Lebensthema, eine Beziehung oder anderes. Geh freudvoll weiter und bedanke dich bei deinen Engeln für ihren Beistand und ihre Führung. Sie werden neben dir bleiben.

1975 Jahresengel **Uriel**

Nur wenn du an dir arbeitest, kann sich deine Seele weiterentwickeln. Lass dich nicht von deinem Weg abbringen und geh einen Schritt nach dem anderen. Jedes Mal, wenn du dein Ego bezwungen hast, bist du Meister in deinem Leben. Mach weiter.

1976 Jahresengel **Jophiel**

Wenn Entscheidungen anstehen, dann hol zuerst einmal Informationen ein. Du kannst dir Zeit lassen. Hol dir Rat bei Experten, vor allem wenn es um seelische und geistige Themen geht. Dann kannst du deine Entscheidung für dich treffen.

1977 Jahresengel **Chamuel**

Der Erzengel Chamuel ist immer an deiner Seite und zeigt dir, wie du dich in Liebe weiterentwickeln kannst. Er wird dir immer wieder Situationen und Gelegenheiten geben, um deine ganz speziellen Erfahrungen in diesem Leben zu machen.

1978 Jahresengel **Zachariel**

Es gibt immer mehrere Möglichkeiten. Fixiere dich nicht auf eine Lösung oder einen Weg. »Viele Wege führen nach Rom« – und genauso viele gibt es in diesem Leben. Schau dir alle genau an und entscheide dich für den für dich genau passenden.

1979 Jahresengel **Haniel**

Du hast dir vorgenommen, Vertrauen und Liebe zu leben. Lass die Menschen zu dir und vergrabe dich nicht in einer Höhle. Reiße alle Mauern und Blockaden, die dich trennen, nieder. Lege Brücken über die Gräben, damit du deinen Nächsten erreichst.

1980 Jahresengel **Zadkiel**

Auch wenn du oft im Dunkeln tappst, lass dich nicht entmutigen. Oft wirst du erst nach Erreichen eines Zieles dessen Sinn erkennen. Gib Hoffnung und Vertrauen nicht auf, denn nur so kann etwas Gutes und Neues in deinen Alltag kommen.

1981 Jahresengel **Michael**

Der Erzengel Michael hilft dir, alte Energien und Beziehungen vollkommen hinter dir zu lassen und dich für neue Menschen und eine neue Liebe zu öffnen. Auch wenn Enttäuschungen und Verletzungen damit verbunden sind: Öffne dich für die Liebe!

1982 Jahresengel **Gabriel**

Es ist nicht alles Gold, was glänzt. Schau hinter die Fassade von Menschen, reiße ihnen die Masken herunter und stürze dich nicht Hals über Kopf in neue Projekte. Deine Engel sagen dir, wo du etwas Um- und Vorsicht walten lassen solltest.

1983 Jahresengel **Raphael**

Nur wenn du dich selbst liebst und gut auf dich achtest, kannst du in der Folge auch andere Menschen annehmen und lieben. Geh mit dir selbst so um, wie du es auch von anderen erwarten würdest. Und mach das Gleiche bei jedem Menschen.

1984 Jahresengel **Uriel**

Jedes Mal, wenn du etwas Positives fühlst, denkst, sagst oder tust, sendest du Wellen aus, die (früher oder später) zu dir zurückkommen. Das solltest du als Leitmotiv über dein Leben stellen und jeden Tag darauf achten, es umzusetzen.

1985 Jahresengel **Jophiel**

Du darfst natürlich alles in deinem Leben selbst entscheiden, denn du hast ja von Gott die Willensfreiheit auf deinen Weg mitbekommen. Achte jedoch genau darauf, dass du diese auch positiv und für Licht und Liebe einsetzt. Die Engel helfen dir.

1986 Jahresengel **Chamuel**

Jeder Mensch hat sich göttliche Lebensaufgaben vorgenommen und ist bestrebt, diese auch zu erfüllen. Bitte den Erzengel Chamuel, dir eine Menge Eigenliebe und Mut zu geben, damit du Hilfe und Unterstützung dabei hast. Erfülle dein Programm.

1987 Jahresengel **Zachariel**

Deine Gebete werden beantwortet, und zwar alle! Achte auf deine Gedanken und Träume und was dir deine Intuition sagt. Es wird nicht alles erfüllt werden, was du erbittest, jedoch wirst du die Botschaften bekommen, die dir darüber Klarheit geben.

1988 Jahresengel **Haniel**

Jeder Kampf und jeder Streit in diesem Leben schadet deiner Seele. Jegliche Disharmonie und Unversöhnlichkeit blockiert dich. Schließ Frieden mit dir selbst und bringe diesen nach außen. Erst dann wirst du deinen Weg mit Liebe gehen können.

1989 Jahresengel **Zadkiel**

Du hast dir für dieses Leben vorgenommen, Schleier zu lüften und Klarheit zu gewinnen. Das Leben auf der Erde ist eine Scheinwelt. Wahrheit und Schönheit liegen im geistigen Bereich. Der Erzengel Zadkiel wird dir helfen, diese zu finden.

1990 Jahresengel **Michael**

Intuition und Sensitivität kann man durch Übung erlernen. Wenn du immer wieder in dich hineinfühlst und deine Seele zu Wort kommen lässt, wirst du immer empfindsamer werden. Du wirst Energien und Emotionen spüren und auch die Liebe.

1991 Jahresengel **Gabriel**

Mach nichts halbherzig und nur für einen anderen Menschen. Alles, was auf deinem Weg liegt, nimm voll und ganz an. Lebe deine Seelen- und Herzenergie, dein Feuer und deine Leidenschaft. Das ist ein Auftrag, den du dir zu leben vorgenommen hast.

1992 Jahresengel **Raphael**

Der Grundgedanke unseres Alltags sollte sein: »Dein Wille geschehe.« Dieser Satz schließt alles ein: Gottvertrauen und Gelassenheit, Demut und Glaube. Alles geschieht genau so, wie es sein soll, und auch zum passenden Zeitpunkt. Glaube es.

1993 Jahresengel **Uriel**

Wir haben uns für dieses Leben vorgenommen (so mühsam es phasenweise auch ist), die Freude und das Glück zu spüren und zuzulassen. Trage nicht alles allein auf deinen Schultern, lass Hilfe hier und vom geistigen Bereich zu. Gib etwas ab.

1994 Jahresengel **Jophiel**

Wenn du Rückschläge und Niederlagen bewältigen musst, dann nimm dir danach Zeit, um wieder zu dir zu kommen. Zieh dich zurück und sammle dich. Hol dir deine Kraft zurück, und erst dann mach den nächsten Schritt. Deine Engel begleiten dich.

1995 Jahresengel **Chamuel**

Alles, was du in diesem Leben an Erfahrungen und wertvollen Lektionen lernen darfst, solltest du auch an andere Menschen weitergeben. Deine Kinder, deine Eltern, deine Freunde und alle Menschen im weiteren Umfeld danken es dir.

1996 Jahresengel **Zachariel**

Alles, was in und mit Liebe gemacht wird, wird auch erfolgreich sein. Wenn du dir die Liebe als Basis in deinem Leben nimmst, wirst du in jeder Beziehung wachsen und dich positiv entwickeln können. Stell die Liebe über alles und jeden – es lohnt sich!

1997 Jahresengel **Haniel** (Todesjahr Mutter Teresa)

Du wirst das spüren, empfangen und zurückbekommen, womit du dich umgibst. Wenn du dich für ein liebevolles und harmonisches Umfeld entscheidest und Negatives möglichst vermeidest, werden Gesundheit und Harmonie dich begleiten.

1998 Jahresengel **Zadkiel**

In allen Lebenslagen und Bereichen kannst du deinen göttlichen Funken leben. Bitte alle Engel und Helfer, dir immer wieder gute Ideen und neue Impulse zu geben. Diese ermöglichen dir ein Leben voller spannender Begegnungen und Themen.

1999 Jahresengel **Michael**

Du wirst immer wieder Geschenke bekommen – aus dem weltlichen, aber auch aus dem geistigen Bereich. Diese kannst du nur empfangen, wenn du dich auch dafür öffnest. Breite deine Arme aus und lass alle Hilfen und Gottgeschenke zu.

2000 Jahresengel **Gabriel** (Seligsprechung Fatima-Kinder Jacinta und Francisco)

Du kannst dir und allen Menschen helfen, indem du deine Gefühle lebst und auch zulässt. Wenn etwas in dir verhärtet und starr ist, wird es dich blockieren. Bemühe dich, alles Vergangene loszulassen, lass deine Gefühle wieder fließen.

2001 Jahresengel **Raphael** (Heiligsprechung Pater Pio)

Pflege Körper, Geist und Seele und ersuche den Erzengel Raphael, dir Möglichkeiten für eine innerliche Reinigung zu zeigen. Er wird dir die göttliche Energie verschaffen, mit der du deinen Geist und deine Seele mit Licht füllst.

2002 Jahresengel **Uriel**

Breite deine Flügel aus und fliege! Nicht nur deine Engel können das, sondern auch du. Lebe deine Leichtigkeit und es wird dir alles gut gelingen, was sich dir an Aufgaben und Herausforderungen so stellt. Licht und Liebe Gottes begleiten dich.

2003 Jahresengel **Jophiel** (Seligsprechung Mutter Teresa)

Wenn du etwas wirklich willst und viel Energie dafür verwendest, wird es dir auch gelingen. Hinterfrage alle Pläne und Ziele, alle Visionen und Träume, die dir vorschweben. Willst und brauchst du das wirklich oder ist es nur eine Ablenkung?

2004 Jahresengel **Chamuel**

Du hast dir für dieses Leben vorgenommen, dir deine Kindlichkeit zu bewahren. Halte fest an deinem kindlichen Urvertrauen und Glauben, denn sie werden dir deinen Weg erleichtern. Spaß und Freude werden dich begleiten, wo immer du auch bist.

2005 Jahresengel **Zachariel**

Du wirst immer wieder Zeichen und Hinweise bekommen. Deine Begleiter aus der geistigen Welt setzen alles daran, um dir in dieser Form zu helfen. Nimm die Zeichen und Botschaften wahr und lass alles zu, was dir Klarheit und Stärke bringt.

2006 Jahresengel **Haniel**

In diesem Leben gibt es eine Menge Prüfungen für dich. Eine davon ist, zu deiner Überzeugung zu stehen und deine Meinung und damit auch dich zu verteidigen. Steh zu dir und deinen Überzeugungen, lass dich nicht verunsichern und einengen.

2007 Jahresengel **Zadkiel**

Immer wieder kannst du hinterfragen, wie es derzeit bei dir ausschaut. Was spürst du? Passt alles oder ist es wieder an der Zeit, eine »Inventur« zu machen. Wäge alles ab: Positiv und nicht so positiv. Was kannst du ändern, beginnen oder beenden?

2008 Jahresengel **Michael + Raguel**

In Zeiten der Not wirst du immer wieder Trost erfahren. Auch wenn du scheinbar allein bist. Hilfe und Heilung liegen in dir, und deine Engel werden die göttliche Energie aktivieren, damit es dir nach und nach wieder besser geht. Immer wieder.

2009 Jahresengel **Gabriel + Sandalphon**

Es ist viel zu tun in diesem Leben – aber es bringt dir nichts, dich ständig in endlose Aktivitäten und Ablenkungen zu stürzen. Atme tief durch und spüre dich und deine Seele wieder. Erst dann wirst du dich und deine Energie fühlen und lebendig sein.

2010 Jahresengel **Raphael + Metatron**

Herausforderungen sind dazu da, um angenommen zu werden. Steine auf deinem Weg zeigen sich, damit du sie wegräumst. Und jedes Mal, wenn dir das auch gut gelungen ist, hast du damit einen großen Schritt getan. Geh weiter auf deinem Weg!

2011 Jahresengel **Uriel**

Für Menschen auf der Erde ist die Geduld eines der schwierigsten Lernprogramme. Es wird auch öfter dein Thema sein. Bitte den Erzengel Uriel, dass er dich mit Mutter Erde verbindet, damit du alles zur rechten Zeit und damit auch richtig machen kannst. Er ist da.

2012 Jahresengel **Jophiel**

Deine Gebete werden erhört, wenn du es dir auch erlaubst, dass sie sich erfüllen. Wenn du zweifelst, baust du dir damit selbst eine Blockade auf, und es kann nicht gelingen. Der Erzengel Jophiel wird dir Glück und Segen bringen, wenn du es willst.

So, kurz innehalten: Ja, der Kalender geht weiter. Mit Gottes reichem Segen!

Und wo ist der ganze Hype mit Katastrophenfilmen, esoterisch verbrämter Angstmacherei und Geschäftemacherei geblieben? Lernen wir daraus?

2013 Jahresengel Chamuel

Geh immer wieder hinaus in die Natur und lass ihre liebevolle Energie zu. Kehr zurück zu dir, spüre deine Seele und dein Herz-, dein Liebespotenzial. Atme tief durch, lass alles abfließen, was dich belastet. Fülle dich mit der starken Energie von Mutter Erde.

2014 Jahresengel Zachariel

Immer wieder wirst du mit Versuchungen und negativen Energien konfrontiert. Das sind die Prüfungen, die du dir vorgenommen hast zu bestehen. Ersuche den Erzengel Zachariel, dir dabei zu helfen. Er wird alles tun, um dich zu beschützen.

2015 Jahresengel Haniel

In diesem Leben wirst du immer wieder Menschen loslassen müssen, die du sehr liebst. Es ist nur eine scheinbare Trennung. Du kannst weiterhin Kontakt mit ihnen haben. Schick ihnen Licht und Liebe und spüre ihre liebevollen Segnungen.

2016 Jahresengel Zadkiel

Öffne dich für Symbole, die deinen Lebensweg begleiten. In jedem Lebensbereich und zu jeder Zeit gibt es eine Menge Symbolik, die dir weiterhelfen kann bei deiner

Entwicklung. Bitte den Erzengel Zadkiel um seelisches Wachstum und Klarheit.

2017 Jahresengel **Michael + Raguel**

Jeder Mensch hat sich für dieses Leben Beziehungen mit anderen vorgenommen. Wenn du Probleme hast, dann öffne dein Herz und lass Liebe zu den Betreffenden fließen. Mit göttlicher Hilfe wirst du alle Disharmonien und Probleme lösen können.

2018 Jahresengel **Gabriel + Sandalphon**

Auch wenn es anfangs etwas beängstigend ist: Nimm jede Veränderung als Geschenk an. Vieles, was sich anfangs belastend und als Nachteil gezeigt hat, stellt sich in der Folge als Geschenk heraus. Bleib im Vertrauen und sei mutig.

2019 Jahresengel **Raphael + Metatron**

Du kannst nicht zwei Herren dienen, immer wieder wirst du dich entscheiden müssen. In deinem Leben wird es Situationen geben, da musst du abwägen und Prioritäten setzen. Verzettel dich nicht – bewahre dir den Blick für das Wesentliche!

2020 Jahresengel **Uriel**

Achte auf die Botschaften, die du von der geistigen Welt bekommst. Wenn du in dich hineinhörst und zur Ruhe kommst, wirst du deine innere göttliche Stimme wahrnehmen. Sie hilft dir weiter – in jeder Lebenslage und egal bei welchem Thema.

2021 Jahresengel **Jophiel**

Alles, was du in diesem Leben erfährst, kennst du bereits. Es ist dir nur nicht bewusst. Du weißt jedoch genau, wohin dein Lebensweg führt und wie du ihn gehen kannst. Du hast alles mitgenommen an altem Wissen – auch deinen Schutzengel.

2022 Jahresengel **Chamuel**

Immer wieder darfst du »entrümpeln«: Gefühle und Altlasten, tote Energien und Anhäufungen im materiellen Bereich. Befreie dich von allem, was du nicht mehr brauchst. Mach das regelmäßig, damit du nicht unnötigen Ballast mitschleppst.

2023 Jahresengel **Zachariel**

Ohne Verbindung zu Gott, Jesus und deinen himmlischen Helfern verkümmert deine Seele. Lerne zu beten, echte und intensive Gespräche mit Gott zu führen. Sie werden dir alles bringen, was du brauchst, und dir die notwendigen Antworten geben.

2024 Jahresengel **Haniel**

Mache dich nicht kleiner als du bist! Denn damit wertest du dich selbst ab und nimmst dir viel. Du bist ein positiver und starker Mensch mit dem göttlichen Funken in dir. Du darfst in diesem Leben alles verwirklichen, was du dir vorgenommen hast.

2025 Jahresengel **Zadkiel**

Schau hinter den Schleier der Illusion. Erkenne die göttliche Ordnung in deinem Leben. Es ist immer alles so, wie es auch sein soll. Versuch nicht, gegen Mauern anzurennen, sondern übergib Jesus deine Probleme. Denn: Sein Wille geschehe.

Ihre persönliche
Engelnumerologie

Dieses Kapitel dürfte Sie vermutlich am stärksten herausfordern. Denn es führt wirklich tief in die himmlische Numerologie ein, um die Botschaften sehr persönlicher Engelzahlen zu erfassen und für das eigene Leben stimmig anzuwenden. (Nebenbei müssen Sie dabei ein bisschen rechnen, das wird auch später noch ab und an nötig sein.)

Jeder Mensch hat sich für dieses Leben eine Menge vorgenommen. Ein jeder von uns hat seinen eigenen Weg, auf dem er seine ganz persönlichen Erfahrungen und Entwicklungsschritte machen darf und kann. Lebens-, Kraft- und Seelenzahl sind eine Möglichkeit, um einen besseren Einblick hinsichtlich unserer Fähigkeiten, Schwächen und Stärken zu bekommen und mehr Hintergründe des persönlichen Weges kennenzulernen. Diese drei Zahlen und ihre Engelkräfte zeigen die Richtung an, in die wir uns vorgenommen haben zu gehen. Es gibt dabei durchaus einige Fixpunkte, aber ansonsten völlige Willens- und Entscheidungsfreiheit.

Wichtig ist vorerst einmal: Es gibt keine positiven oder negativen Zahlen. Die Zahlen an und für sich sind immer neutral und können von uns so oder so gelebt werden. Es kommt immer darauf an, was wir selbst daraus machen. Wir können über unsere Lernaufgaben jammern und in die Opferrolle gehen oder sie annehmen und unser inneres Potenzial und alle Hilfen aktivieren, um sie positiv zu bewältigen.

Die jeweilige Lebens-, Kraft- und Seelenzahl beinhaltet ganz spezielle Lernaufgaben, aber auch Geschenke und Hilfen, damit der einzelne Mensch diese auch gut erfüllen kann. Somit hat jede Zahl für sich zwei Seiten – und nur wir allein entscheiden für uns, wie wir sie leben und welche Seite wir in jeder Lebenslage auswählen.

Ein kleiner Ausflug in die Karmaabteilung: Es wäre ein Irrtum zu meinen, dass wir mit diesen Zahlen und dem »Programm«, das vielleicht dahinter zu stehen scheint, zwangsbeglückt wurden. Vielmehr haben wir sie uns selbst ausgesucht. Dementsprechend sind wir natürlich auch mit allem ausgestattet, was wir brauchen, um diesem »Programm der persönlichen Engelzahlen« in unserem Leben gerecht zu werden. Wir können es also positiv leben und im Rahmen unserer Möglichkeiten verwirklichen und vollenden. Wie gesagt: Es liegt an uns selbst, ob wir uns dabei in Opferrollen begeben oder durch bewusstes und tatkräftiges Entscheiden und Handeln selbstständig die Weichen stellen.

Die Lebenszahlen gehen von 1 bis 12. Eine Lebenszahl beschreibt den allgemeinen Lebensplan, den Weg und die Grundschwingung, die uns auf unserem Weg begleitet. Die persönliche Lebenszahl ist die Quersumme des eigenen Geburtstags.

Die Kraftzahlen gehen ebenfalls von 1 bis 12. Eine Kraftzahl zeigt an, welche Engelkraft als unser Energiespeicher dient, über den wir uns immer wieder stärken und aufrichten können, um weiter voranzugehen. Die persönliche Kraftzahl ergibt sich aus dem Monat unserer Geburt.

Die Seelenzahlen beginnen ebenso mit 1, gehen jedoch nur bis 9. Die Seelenzahl gibt Hinweise auf die Ziele, die sich die Seele für dieses Leben gesteckt hat. Die Seelenzahl muss gesondert berechnet werden, dafür gibt es weiter unten eine Anleitung.

Sie finden im Folgenden Deutungen der Lebenszahlen, der Kraftzahlen und der Seelenzahlen aufgrund einer Kombination der numerologischen Kernaussage der jeweiligen Zahl ergänzt durch die dazu empfangenen Engelbotschaften. Zum besseren Verständnis sind jeweils drei Beispiele anhand der Zahlen von mir, meiner Tochter Victoria sowie von meinem Vater angeführt.

∿ · ∿

Lebenszahl

Die Lebenszahl ergibt sich aus der Gesamtzahl des Geburtstags. Das heißt: Die einzelnen Ziffern des Geburtsdatums werden zusammengezählt, solange, bis sie auf die Endzahlen 1 bis 12 reduziert sind. Daraus ergeben sich dann die »Einser-Menschen«, die »Zweier-Menschen« und so fort bis hin zu den »Zwölfer-Menschen«.

Die Lebenszahl begleitet uns das ganze Leben. Sie steht praktisch über unserem Weg, aber auch über allen Entscheidungen und Schritten, die wir machen. Sie zeigt uns sämtliche Möglichkeiten, die wir zur Verfügung haben. Wir sollten Themen und Herausforderungen, die von der Lebenszahl angezeigt werden, auch zulassen und leben. Die Grundenergie, die uns umgibt, die wir ausstrahlen, ist ein wesentlicher Faktor dieser Zahl. Ein »Einser-Mensch« wird eine ganz andere Aura haben als ein Mensch mit der Lebenszahl 4.

Hier drei Beispiele aus meinem persönlichen Bereich.

Meine Lebenszahl:
3.6.1961 = 3 + 6 + 1 + 9 + 6 + 1 = 26 (2 + 6) = 8

Die Lebenszahl meiner Tochter Victoria:
29.3.1990 = 2 + 9 + 3 + 1 + 9 + 9 + 0 = 33 (3 + 3) = 6

Die Lebenszahl meines Vaters:
20.8.1927 = 2 + 8 + 1 + 9 + 2 + 7 = 29 (2 + 9) = 11
(11 wird nicht auf 2 reduziert, da die Quersummen, wie oben erwähnt, bei den Lebenszahlen bis zur 12 gehen.)

Nachfolgend die Engelbotschaften bzw. die inhaltlichen Hintergründe der Lebenszahlen von 1 bis 12:

1: Michael

Unabhängigkeit, Alleinkämpfer; immer wieder neue Themen, Aufgaben und auch Menschen; viel Energie und Seelenkraft, allein für sich lebens- und entscheidungsfähig sein, wichtige Tendenz zum phasenweisen Rückzug (um Kraft zu sammeln); eine Partnerschaft ist hier immer eine Herausforderung und wird oft als einschränkend empfunden, Achtung vor Isolation und Eigenbrötlertum.

Lebensmotto: *Ich öffne mich für Klarheit in allen Bereichen des Lebens. Michael steht mir immer bei.*

2: Gabriel

Thema Partnerschaft mit sich und anderen ist sehr wichtig und wegbegleitend; immer wieder ist es die Aufgabe, ein guter Partner, Freund oder Mitmensch zu sein; kann gut mit jemandem zweiten zusammenarbeiten oder auch zu zweit Firma gründen; findet immer jemanden, der ihn gut ergänzt; Gefahr des Polarisierens und Wertens; immer die Balance zwischen zwei Extremen zu halten ist sehr wichtig für die »Zweier«.

Lebensmotto: *Ich gehe frohen Mutes in die Zukunft. Die Freude und Liebe von Erzengel Gabriel begleitet mich alle Zeit.*

3: Raphael

Dieser Mensch ist kein Einzelgänger, sondern ein Gruppenmensch, Familie und Freunde sind ihm sehr wichtig, Übertreibungen sollte er vermeiden (»Vereinsmeier«); sozial und gefühlsbetont, was Menschen und auch Tiere anbelangt, hilft gern und unaufgefordert, holt sich die Kraft in der Natur, kann sein Lebensprogramm voll und ganz erfüllen, sollte auf alle drei Ebenen achten (Körper, Geist und Seele), um innerlich »rund« zu sein.

Lebensmotto: *Ich entscheide mich für umfassende Heilung und tue selbst etwas dafür. Erzengel Raphael hilft mir dabei in jedem Augenblick.*

4: Uriel

Dieses Lebensprogramm gibt in erster Linie Ordnung und Struktur vor, man sollte jedoch Einschränkungen und Kästchendenken vermeiden. Das innere (Seele) und äußere (Wohnung, Haus) Heim ist ein wichtiger Aspekt und wird liebevoll gepflegt und gehegt; Achtung vor Pedanterie und Intoleranz; neue Projekte sollten schrittweise und gut strukturiert umgesetzt werden; Ruhe und Pausen sind wichtig.

Lebensmotto: *Ich bitte um Weisheit und einen Blick für das Ganze. Erzengel Uriel sendet mir dazu göttliches Licht.*

5: Jophiel

Der Fünfer-Mensch hat eine Menge Energie, viel Tatkraft, gute Ideen und setzt diese auch um, weil er absolut handlungs- und bewegungsfähig ist, jedoch muss er ab und zu das Tempo drosseln und innehalten, ansonsten ist das Chaos vorprogrammiert und damit auch ein innerer und äußerer Zusammen- oder Umbruch. Viele gute Ideen, eine Menge Unternehmungen, unglaubliches Urvertrauen und Seelenpotenzial, das auch prompt aktiviert wird, wenn man es braucht; Selbstwert.

Lebensmotto: *Ich sehe die Schönheit von Natur und Schöpfung, von Gott und Menschen. Erzengel Jophiel hilft mir, meine eigene Schönheit zu erkennen.*

6: Chamuel

Mag keine Ecken und Kanten, sondern alles, was schön weich und kuschelig ist; viel Sinn für Schönheit und Angenehmes, Achtung vor Bequemlichkeit, bis hin zur Faulheit; Harmonie steht über allem, Streitigkeiten und laute Worte werden vermieden; Thema Liebe geben und nehmen, sich selbst annehmen und wirklich lieben und in der Folge auch andere Menschen; wichtig auch: loslassen und klammern vermeiden, alles mit Maß und Ziel, nicht übertreiben; »Sechser« sind oft ungeduldig – aber sehr liebenswert.

Lebensmotto: *Ich suche nach Wahrheit, nach Liebe, nach Gott. Erzengel Chamuel führt mich in ein lichtvolles Leben.*

7: Zachariel

Der Siebener-Mensch erscheint im Raum und überstrahlt alle, er ist ein Gesellschaftsmensch und darf auf keinen Fall ausgegrenzt oder isoliert werden; Glückskind, Schutzengelaspekt, Gewinner. Immer wieder kommen unvermutet Geld und Erfolg – aber er hat auch eine Menge zu lernen in diesem Leben und sollte sich nicht davor drücken, es fällt auf jeden Fall auf ihn zurück; Sonne und Licht sind wichtig, auch die Natur und immer wieder neue Kontakte und Wegbegleiter.

Lebensmotto: *Ich sage Ja zum Leben und wieder Ja und gebe dem Leben die Chance, weiter und weiter zu wachsen. Erzengel Zachariel erinnert mich dabei an das Göttliche.*

8: Haniel

Dieses Programm ist eine echte Herausforderung, setzt Stehaufmännchen-Qualitäten als Grundenergie voraus. Immer wieder geht es rauf und runter, wenn man glaubt, jetzt ist alles ausgewogen, kommt das nächste Thema, aber auch viele Hilfen: Menschen, die man schon aus früheren Leben erkennt und die wahre Geschenke sind, viele Aufgaben von früher her, die jetzt fertig oder weiter gelebt werden wollen. Gerechtigkeit, Ausgleich und Ausgewogenheit sind wichtig.

Lebensmotto: *Ich stimme mich auf liebevolle Harmonie*

*ein und lasse mein bewusstes Sein Harmonie suchen
und ausstrahlen. Erzengel Haniel sendet mir dazu Gottes Gnade.*

9: Zadkiel

Die Zahl der Spiritualität und inneren Stimme, alles Intuitive – jedoch besteht auch die Gefahr, mit dieser Lebenszahl in die Sucht zu gehen oder zu übertreiben. Die
Programme, die sich in diesem Leben stellen, wollen beendet werden – natürlich mit Geduld und viel Hilfe aus
dem geistigen Bereich; extremes Gespür, das jeden, der
täuscht und tarnt, sofort entlarvt; Achtung vor Selbstbetrug durch hundertprozentige Ehrlichkeit.

Lebensmotto: *Ich setze mich für Rechtschaffenheit und
Ausgleich ein. Erzengel Zadkiel hilft mir, Rechtschaffenheit zu erkennen und zu verwirklichen.*

10: Raguel

Siehe oben unter 1 – jedoch noch verstärkt. Der Zehner-
Mensch lässt sich absolut gar nicht einschränken, er ist
der »Hahn am Mist«, der keinen an seine Seite lässt, er
verweist den anderen auf seinen Platz – einen Schritt hinter bzw. unter ihm, er lebt die Eigenverantwortung und
seine Energie mit vollster Überzeugung; Achtung vor
Egoismus und einem Leben als Sonderling oder Außen-
seiter; insgesamt ein sehr starker Mensch.

Lebensmotto: *Ich darf Gott als meinen besten Freund
betrachten und ihn um alles bitten. Erzengel Raguel
zeigt mir, worum ich bitten soll.*

11: Sandalphon

Der Elfer-Mensch hat sich für sein Leben vorgenommen, die Meisterschaft für sich selbst zu übernehmen, es wird nicht jeder ein aufgestiegener Meister werden, aber sich zumindest mit seelischen Themen auseinandersetzen und diese vertiefen; es wird viel hinterfragt bzw. möglichst allem auf den Grund gegangen; er erschafft sich seine Wirklichkeit und lebt diese. Achtung vor der Opferrolle in der Partnerschaft!

Lebensmotto: *Ich glaube daran, dass mein Gebete gehört werden, und bin geduldig in meinem Bitten. Erzengel Sandalphon trägt meine Gebete zum Höchsten.*

12: Metatron

Der Zwölfer-Mensch strebt die Vollkommenheit an, will alles abrunden, ganz und gar vollenden, und das mit Harmonie und Ausgewogenheit. Er schafft es, Druck auf sich und andere zu vermeiden und alles fließen und kommen zu lassen, er nimmt alle Lebewesen mit Liebe an und hilft, wo er helfen kann und darf; Gruppe und Familie sind ihm sehr wichtig, er braucht Menschen um sich, allein verkümmert er.

Lebensmotto: *Ich danke für das Geschenk des Lebens, das ich schon so lange erfahren darf. Von Erzengel Metatron lerne ich, mich noch besser auf den göttlichen Willen einzustellen.*

Sie sehen also, dass sich schon allein durch die Lebenszahl von Mensch zu Mensch ganz verschiedene Themen und Programme stellen. Weitere Hinweise finden Sie auch im Kapitel zu den 12 Erzengeln (siehe Seite 20 ff).

Wie Sie in der Praxis mit der Deutung der Lebenszahlen umgehen, möchte ich Ihnen wieder anhand unserer
drei Beispiele erläutern: Mein Vater (Lebenszahl 11, siehe oben) lebte eine ausgesprochen erfüllte und liebevolle
lebenslange Partnerschaft mit meiner Mutter. In einigen
Lebensbereichen wie Beruf und Finanzen übernahm er
Eigenverantwortung bis hin zur Meisterschaft. Er hat
seine Aufgaben also ernst und angenommen und weitgehend auch erfüllt. Seit der Pensionierung lebt er auch
verstärkt geistige und seelische Themen.

Meine längste und intensivste Partnerschaft ent-
puppte sich als echte Herausforderung – was nicht ver-
wunderlich ist bei meiner Lebenszahl 8. Von Anfang an
zeichnete sich mein Leben durch extreme Auf- und Ab-
bewegungen aus, eine echte Achterbahnfahrt. Ohne einige sehr positive karmisch verbundene Freunde – und eine
Menge Engel – wäre dieses Programm bisher nicht zu
schaffen gewesen. Mit (inzwischen erlernter) Ausdauer
und Ausgewogenheit hat sich mein Leben aber nach und
nach zu einem positiven Abenteuer entwickelt.

Bei meiner Tochter zeichnet sich mit der Lebenszahl 6
ein ganz anderes Programm ab. Nur nicht anzuecken und
viel Harmonie und Wärme zu erfahren, das sind extrem
wichtige Dinge für sie. Sie braucht auch immer wieder
Menschen, die sie in Liebe einhüllen, vorbehaltlos annehmen und bedingungslos unterstützen. Ich brauche wohl
nicht zu betonen, dass Veränderungen und Einschränkungen so weit wie möglich von ihr vermieden werden.
Sie ist zugleich sehr leidenschaftlich und kann die Gefühle
sehr tief empfinden und zeigen.

Kraftzahl

Die Kraftzahl entspricht unserem Geburtsmonat – also
Januar = 1, Februar = 2 und so weiter. Diese Zahl signalisiert unser innerstes Kraftpotenzial sowie Möglichkeiten und Hinweise, wie man sich immer wieder stärken
oder woran man sich aufrichten kann.

Die nachstehenden Engelbotschaften zu den Kraftzahlen von 1 bis 12 dienen als Hilfe, immer wieder unser persönliches Kraftpotenzial neu zu aktivieren. Mit
dieser Zahlenenergie erkennen wir, wo und wie wir uns
optimal »aufladen« können.

Zunächst die Beispiele:
Meine Kraftzahl ist die 6 (3.6.1961 – Monat Juni), die
meiner Tochter Victoria ist die 3 (29.3.1990 – Monat
März), und mein Vater hat die Kraftzahl 8 (20.8.1927 –
Monat August).

Im Folgenden finden Sie die Engelbotschaften und numerologischen Hintergründe der Kraftzahlen von 1 bis 12:

1: Januar
Ich schaffe alles, was ich mir vornehme.
Ich bin ein starker, unabhängiger Mensch. Es geht
mir gut.
Ich liebe mich so wie ich bin.
Meine Kraft liegt in mir selbst, und ich hole sie
mir tief aus meinem Seelenpotenzial.
Ich bin stark, weil ich meine Schwächen und die
anderer annehmen kann.

2: Februar

Ich nehme mich so an wie ich bin – mit allen positiven und negativen Aspekten.

Ich freue mich über alles, was ich schon weiß und noch lernen darf.

Meine Kraft bekomme ich von jedem positiven Lebewesen, das mich begleitet – auch von mir selbst. Ich lebe mit mir und mit anderen eine wunderbare Partnerschaft.

Ich helfe meinem Nächsten und lasse Hilfe und Unterstützung zu.

3: März

Meine Kraft schöpfe ich aus der Familie im weltlichen und auch geistigen Bereich (Seelenfamilie) und aus jeder Gruppe, in die ich integriert bin.

Harmonie und liebevolle Zuwendung umgeben mich. Ich kann und darf eine Menge Liebe geben und annehmen.

Ich schütze alles, was schwächer ist als ich, und gebe Hilfe wo ich kann.

4: April

Schritt für Schritt gehe ich meinen Lebensweg.

Ich bekomme meine Kraft durch Struktur und Ordnung, Geduld und Erkenntnis.

Mein inneres (Seele) und äußeres (Haus/Wohnung) Zuhause zeichnet sich durch Licht und Liebe aus. Ich pflege und hege es mit Hingabe.

Ich erweitere meine Grenzen und lasse mich weder verunsichern noch einschränken.

5: Mai

Beweglichkeit und Tatkraft geben mir unendlich viele Möglichkeiten, um meine Ziele und Pläne zu verwirklichen.

Ich komme zu meiner Kraft durch innere Ruhe und äußere Entspannung.

Ich habe eine Menge gute Ideen und auch die Kraft, diese umzusetzen.

Ich lebe ausgewogen und komme immer wieder zur Ruhe. So vermeide ich Chaos.

6: Juni

Die Liebe in mir und um mich gibt mir die Kraft, meinen Alltag optimal zu leben.

Harmonie und Schönheit sind lebensnotwendig für mich.

Ich vermeide Härten und strahle liebevolles Verständnis und Toleranz aus.

Ich liebe mich und nehme mich so an wie ich bin.

Ich lebe eine kraftvolle und wunderbare Sexualität mit meinem Partner.

7: Juli

Ich brauche Menschen und auch die Natur, um meine Kraft voll leben zu können.

Alle Engel, die ich gerade brauche, sind neben mir und beschützen mich.

Mein Schutzengel hält die Hand über mich gegen alles, was mich bedroht oder mir schadet.

Ich habe Glück und Erfolg in jeder Beziehung und auf jeder Ebene.

Ich freue mich darauf, was ich in diesem Leben noch lernen und erfahren darf.

8: August

Es geht mir gut, auch wenn es manchmal etwas auf und ab geht.

Ich bekomme meine Kraft durch alle positiven Wegbegleiter, die ich sofort erkenne.

Ich nehme alle Aufgaben und Menschen, die auf diesem Weg liegen, positiv an.

Mit Gerechtigkeitssinn und Ausgewogenheit schaffe ich alle Herausforderungen.

Ich nehme alle Lernprogramme ernst, vergesse dabei jedoch nicht, das Leben spielerisch zu leben.

9: September

Ich bin ein intuitiver und offener Mensch.

Meine Kraft kommt aus dem geistigen Bereich und aktiviert sich über die Herzebene.

Ich empfange Botschaften und Hilfen aus der geistigen Welt.

Sie helfen mir, alles zu schaffen und zu beenden, was ich in diesem Leben vollkommen abschließen möchte. Ich spüre alle Gedanken und Gefühle.

10: Oktober

Eine starke Urkraft schlummert in mir. Ich kann sie jederzeit aktivieren und nutzen.

Ich bin ein unabhängiger und selbstständiger Mensch.

Ich treffe meine Entscheidungen eigenverantwortlich und lasse mich nicht einschränken oder beeinflussen.

Ich nehme die Menschen an meiner Seite liebevoll wahr und öffne mich für sie.

11: November

Ich habe mir vorgenommen, für dieses Leben die Meisterschaft zu übernehmen.

Ich bin auf meinem Weg einen großen Schritt weitergekommen.

Ich kann mich und meinen Nächsten voll und ganz lieben – ich schaffe es, mich und andere mit Achtung und Wertschätzung zu behandeln. Daraus schöpfe ich meine Kraft.

12: Dezember

Alles, was ich für andere Menschen und Lebewesen mache, gibt mir Kraft.

Ich bin ein sozialer und offener Mensch.

Ich bekomme alles Positive hundertfach zurück.

Auf meinem Weg ist Toleranz allen schwächeren Lebewesen gegenüber wichtig.

Ich strahle ein inneres Licht aus und lebe rundum harmonisch.

Sie können wieder die Hinweise und Beschreibungen der Monatsengel zu diesen Erläuterungen hinzunehmen (siehe Seite 43ff).

Wenn wir uns nun unsere Beispiele wieder anschauen, stellen wir fest, dass die 12 Aussagen sich auch in der Praxis bestätigen: Meine Tochter Victoria mit der Kraftzahl 3 braucht Gruppe und Familie, um ihr inneres Potenzial entfalten und leben zu können. Schutz und Geborgenheit waren für sie von klein auf eine Voraussetzung, um unbeschwert und glücklich zu sein und sich gut weiterentwickeln zu können. Ihre Eltern (also ihr Vater Hans und ich) haben es dann auch wirklich geschafft, mithilfe aller zuständigen Familienengel die Ehe in eine funktionierende liebevolle Freundschaft umzuwandeln und unserer Tochter diese notwendige Sicherheit und Lebensform weiterhin zu geben.

Mein Vater durfte eine sehr intensive und positive karmische (die 8 ist auch das, was wir in dieses Leben mitgenommen haben) Verbindung leben, ist ein sehr gerechter und ausgeglichener Mensch, der die Höhen und Tiefen seines Lebens bisher ganz gut gemeistert hat. Wenn man sich sein Lebensprogramm mit allen Aufgaben anschaut, die sich so nach und nach für ihn gestellt haben, dann kann man schon sagen, dass er die meisten angenommen und geschafft hat. Er hat seine Pflichten immer sehr ernst genommen und strahlt trotzdem eine heitere Gelassenheit aus.

Wenn mich etwas wirklich irritiert, so ist das ein plötzlich auftretendes Chaos bzw. Lärm, Streit und Disharmonien. Kein Wunder bei der Kraftzahl 6. Ich bin am leistungsfähigsten, wenn ich innerlich »rund« bin und mein Umfeld ruhig, geordnet, harmonisch und hell ist. Im Kreis von liebevollen Menschen blühe ich auf, die wunderbare Energie und die Liebe meiner Engel spüre ich jeden Tag und hülle mich darin ein. Daraus kann ich mein Kraftpotenzial immer wieder aufladen und an alle, die mich oder meine Arbeit brauchen, weitergeben.

≈ · ≈

Seelenzahl

Die Seelenzahl beantwortet folgende Fragen:

- Was will ich in diesem Leben noch erreichen?
- Welches Thema ist immer wieder präsent und will gelöst werden?
- Wohin führt mein Weg und was ist das vorrangige Ziel?
- Was habe ich mir für dieses Leben vorgenommen?

Die Seelenzahl errechnet sich aus dem Geburtsdatum:
Im ersten Schritt addieren wir die Zahl unseres Tages und unseres Monats der Geburt. Falls die Summe mehr als 9 ergibt, so bilden wir eine einstellige Quersumme.

Im zweiten Schritt addieren wir die Zahl des Monats und die Zahl des Jahres unserer Geburt. Diese immer mehrstelligen Summen reduzieren wir auf eine einstellige Quersumme zwischen 1 und 9.

Im dritten Schritt addieren wir die beiden jeweils einstelligen Zahlen, die im ersten und im zweiten Schritt gefunden wurden. Erneut bilden wir eine einstellige Quersumme. Diese Zahl zwischen 1 und 9 ist unsere Seelenzahl.

Wir schauen uns das in der Praxis wieder anhand der Beispiele an:

Mein Geburtsdatum: 3.6.1961
3 + 6 = 9 (Tag und Monat)
6 + 1 + 9 + 6 + 1 = 23 = 5 (Monat und Jahr)
9 + 5 = 14 = 5 (Summe der beiden errechneten Zahlen)
Meine Seelenzahl ist die 5.

Das Geburtsdatum meiner Tochter: 29.3.1990
2 + 9 + 3 = 14 = 5

$3 + 1 + 9 + 9 + 0 = 22 = 4$
$5 + 4 = 9$
Die Seelenzahl meiner Tochter ist die 9.

Das Geburtsdatum meines Vaters: 20.8.1927
$2 + 8 = 10 = 1$
$8 + 1 + 9 + 2 + 7 = 27 = 9$
$1 + 9 = 10 = 1$
Die Seelenzahl meines Vaters ist die 1.

Nachfolgend finden Sie die numerologische Auswertung mit Engelbotschaften der Seelenzahlen von 1 bis 9, Schlüsselworte zu wichtigen Aspekten der jeweiligen Engel-Seelenzahlen. Sie können diese Botschaften praktisch in Ihren Alltag integrieren, indem sie eine entsprechende Affirmation verinnerlichen, welche die Botschaft der eigenen Seelenzahl zum Ausdruck bringt. Zum Beispiel so: »Mit dieser Seelenzahl und dem Engel der Einzigartigkeit (bzw. einem anderen der 9 unten beschriebenen Engel) möchte ich im Laufe meines Lebens … (hier das Ziel einfügen).« Sie sollten diesen Satz immer laut oder leise sagen, um Inhalt und Sinn zu spüren.

1: Engel der Einzigartigkeit

- Geist, Seele und Körper verbinden
- All-Eins-Sein mit mir, allen Menschen und Seelen, dem Universum und Gott
- mir allein genug sein und mich mit mir wohlfühlen
- Freiheit, Stärke und Unabhängigkeit
- Befreiung und immer wieder Neues leben

2: Engel des Erkennens

- mich selbst voll und ganz annehmen und lieben können, so wie ich bin
- das »Du« in mir erkennen und mich selbst dazu ebenbürtig einstellen
- meine Licht- und Schattenseiten sehen und akzeptieren
- eine positive Partnerschaft leben oder einen Lebensmenschen zulassen, der mit mir geht, vor allem auch im letzten Lebensdrittel

3: Engel der Erfüllung

- umgeben sein von Menschen, die mich lieben und brauchen
- in eine Gruppe integriert sein, in der ich mich verwirklichen darf
- alles abrunden und vollkommen erfüllen, was ich mir vorgenommen habe
- Körper, Geist und Seele ideal verbinden, spüren und leben

4: Engel der Zufriedenheit

- das optimale Zuhause finden, pflegen und genießen
- bedächtig und besonnen weitergehen auf meinem Weg – mit Ordnung und Struktur
- auf allen drei Ebenen den Schutz meiner Engel und Geborgenheit erleben
- alte Einschränkungen lösen und meine Grenzen erweitern

5: Engel des Glaubens

- Bewegung und Aktivität bis ins hohe Alter leben können und dürfen

- eine Menge gute Ideen, Möglichkeiten und Pläne
- viele Ziele auch noch im zweiten und dritten Drittel des Lebens
- Kraft und Handlungsfähigkeit, um Ziele auch umsetzen bzw. erreichen zu können
- mein Leben in die Hand nehmen und das Beste daraus machen

6: Engel der Liebe
- die Liebe für mich und andere optimal leben und als Lebensmotto annehmen können
- Harmonie, Wärme, Licht und Geborgenheit in jedem Bereich erlangen
- zufrieden und innerlich »rund« sein, mich immer liebevoll umarmen können
- Kämpfe, Konflikte und Disharmonien bis ins hohe Alter gut auflösen können

7: Engel des Triumphes
- meinen Schutzengel immer spüren, der stets bei mir ist und seine Hand schützend über mich hält
- glücklich und zufrieden diesen Lebensweg gehen
- alle vorgenommenen Lernprogramme erfolgreich und positiv abschließen
- für mich und andere Menschen lachen, strahlen und immer wieder Glück bringen

8: Engel der Gerechtigkeit
- ausgewogen und ausgeglichen alle Herausforderungen des Lebens schaffen
- immer wieder Menschen an meiner Seite haben, die ich schon lange kenne

- viel Hilfe aus dem geistigen Bereich, um nicht auf eine Achterbahnfahrt zu geraten
- alle Steine auf meinem Weg mit Liebe wegräumen und Liebe zurückbekommen

9: Engel der Heilung

- alles, was ich mir für dieses Leben vorgenommen habe, vollständig erledigen
- Seelen- und Herzenergie
- intuitives Erfassen und Spiritualität leben
- mich von alten Mustern, Energien und Beziehungen lösen und befreien
- leicht und zuversichtlich meinen eigenen Weg gehen, auch spielerisch dabei sein

Sie sehen also, dass bei den einzelnen Seelenzahlen ganz unterschiedliche Energien zu spüren sind. Schauen wir wieder zu unseren Beispielen: Ich kann die Seelenzahl nur für meinen Vater in diesem Sinne auswerten, weil er das entsprechende Alter hat, um sagen zu können, ob er die Inhalte seiner Seelenzahl auch bisher gelebt hat. Wie vorhin schon erwähnt, hatte er eine sehr intakte positive Partnerschaft mit meiner Mutter (sie ist vor einigen Monaten verstorben). Mit der Seelenzahl 1 lebt er nun tatsächlich seine Stärke, Unabhängigkeit und Eigenverantwortlichkeit. Natürlich ist er mitten in der Trauerarbeit, aber trotzdem fühlt er sich allein auch ganz wohl, findet immer wieder Hobbys und Beschäftigungen und kann mit sich selbst viel anfangen. Er lebt die Seelenzahl 1 optimal und positiv.

⁓ · ⁓

Engelzahlen im Alltagsleben und für die Zukunftsplanung

Verschiedene mit Zahlen verbundene Engel können Ihnen für ganz alltagspragmatische Belange zur Seite stehen. Die folgenden wollen wir uns näher ansehen:

Wochenengel
53 Wochenengel begleiten uns durch das Jahr. Jeder einzelne hat ein spezielles Wochenthema, das wir schon in seinem Namen sehen. Ihre liebevollen Botschaften bringen ein anderes Bewusstsein in die einzelnen Tage der entsprechenden Woche.

Kinder- und Geschwisterzahlen
Sind Sie das erste oder das vierte Kind Ihrer Eltern? Haben Sie überhaupt Geschwister und wie ist die Beziehung zu Ihrem Bruder bzw. Ihrer Schwester? Die Engelbotschaften zu diesem Thema vermitteln Hintergründe und Einblicke in Ihr persönliches Familienprogramm.

Hausnummern
Sind Sie schon öfter umgezogen? Hat Ihre letzte Wohnung, Ihr letztes Haus für Sie gepasst oder waren Sie dort eher unzufrieden? Fühlen Sie sich wirklich wohl in Ihrem aktuellen Heim? Passt die Hausnummer zu Ihrem persönlichen Lebensprogramm oder steht eine Verände-

rung an? Auch auf solche Fragen geben die Zahlen und ihre Engel Antworten.

Autokennzeichen
Auch Ihr Autokennzeichen ist kein Zufall. Wir werden uns die entsprechenden Engelbotschaften anschauen. Dann können Sie erkennen, worauf Sie die Zahlen Ihres Autokennzeichens gerade jetzt hinweisen.

∾·∾

Wochenengel

Jeweils eine Woche lang steht uns ein Engel besonders kraftvoll zur Seite. Er bringt uns ein Wochenthema. Darin steckt die Einladung der Engelwelt, dass wir uns auf das jeweilige Thema eine Woche lang immer wieder bewusst besinnen und es nutzen, um damit einmal für einige Tage aktiv zu arbeiten. Die Einstimmung auf die Wochenengel und die Arbeit mit ihren Gnadenkräften, die wir bewusst durch uns hindurchfließen und wirken lassen können, ist ein weiterer Aspekt der Engelnumerologie.

Die Wochenengel richten sich nach unserem Kalender, der bekanntlich am 1. Januar beginnt und am 31. Dezember aufhört. Der Kalender teilt das Jahr in Kalenderwochen ein, es sind jeweils 52 oder 53. Die folgenden Wochenengel gelten jeweils für eine Kalenderwoche (KW), wie sie der laufende Kalender angibt.

1. KW: Engel des Mitgefühls

Der Engel des Mitgefühls lehrt uns, mit anderen mitzufühlen, jedoch nicht mitzuleiden. Vorher aber zeigt er uns, wie wir echtes Gefühl für uns selbst entwickeln können. Mit aller Entschlossenheit und Liebe, die ihm zur Verfügung stehen, bringt er Heilung und Bewegung in unser Leben und zeigt uns neue Sichtweisen und Möglichkeiten. Vor allem wenn es ein wenig drunter und drüber geht, gibt uns dieser wunderbare Engel die Kraft, trotzdem Gefühle spüren und leben zu können. Hinter ihm steht der Engel der Heilung und geht ihm zur Hand – denn beide zusammen sind ein unschlagbares Team!

2. KW: Engel der Gnade

Der Engel der Gnade hilft uns, liebevoller mit uns selbst und anderen umzugehen und öfter auch einmal »Gnade vor Recht« ergehen zu lassen. Er hat den Engel der Toleranz an seiner Seite. Wenn wir es schaffen, dies auch in unserem Alltag praktisch umzusetzen, also mit mehr Liebe zu denken, zu sprechen und zu handeln, werden sich etliche Einschränkungen und Probleme wie von selbst lösen. Denn dann ermöglichen wir diesem starken Wochenengel, uns aktiv zu helfen. Wir müssen nicht alles allein schaffen, uns plagen und mühen. Kleine Wunder und scheinbar plötzliche und überraschende Wendungen zum Positiven sind die Folge, wenn wir die Hilfe der Engel einladen. Aktivieren wir also das Glück und die Liebe in dieser Woche!

3. KW: Engel der Visionen

Wenn wir im Alltagstrott funktionieren und darin zu ersticken drohen, dann ist das genau der passende Wochenengel, um uns daraus zu befreien. Der Engel der Visionen aktiviert alle Träume, Pläne und Vorhaben, die wir in diesem Leben noch verwirklichen wollen. Er holt sie aus dem Unterbewusstsein (wohin wir sie verbannt haben) an die Oberfläche. In Traumreisen unserer Seele, Begegnungen und Botschaften zeigt uns dieser wunderbare Wochenbegleiter, was wir an Visionen bisher verdrängt und weggeschoben haben. Wenn wir seine Hand ergreifen, aktivieren wir gleichzeitig auch noch die starke Energie seines besten Freundes – des Engels des Mutes.

4. KW: Engel der Tugend

Der Engel der Tugend zeigt uns einen Weg, wie wir körperlich, geistig und seelisch gesunden bzw. unsere Gesundheit auf allen drei Ebenen bewahren können. Er hat nichts mit scheinheiliger, anerzogener Moral zu tun, die aus Angst vor Strafe gelebt wird. Dieser Wochenengel führt uns zurück zu einem wahrhaften und ethischen Umgang mit uns selbst und unserem Umfeld, mit Menschen, Tieren und der ganzen Natur. Der Engel der Tugend macht uns klar, wie wir uns mit Verantwortung und Liebe uns selbst und allen Lebewesen gegenüber verhalten und uns jederzeit in den Spiegel bzw. jedem anderen in die Augen schauen können. Er steht über jeder Schein- und Doppelmoral und entlarvt jegliches Taktieren, Manipulieren und (Selbst-)Betrügen. Unser Schutzengel ist sein größter Verbündeter.

5. KW: Engel des Glücks

In kleinen Schritten zeigt uns der Engel des Glücks, wie wir uns wieder wohlfühlen, wieder innerlich »rund« werden können. Er zeigt uns alle Möglichkeiten auf: die

Harmonie, das kleine beständige Glück und die Zufriedenheit, natürlich aber auch die großen Glücksmomente.
Er wird jedem von uns in dieser Woche täglich ein Thema
oder einen Menschen zeigen, die uns helfen, einen oder
mehrere schöne Momente zu erleben. Voraussetzung dafür ist, dass wir uns für seine Energie öffnen, denn dieser
Wochenengel kann uns nur helfen, wenn wir uns auch er-
lauben, glücklich zu sein. Je mehr wir uns selbst verzeihen
und lieben, umso näher lassen wir den Engel des Glücks
zu uns. Und damit auch seine wunderbare Energie, die
unsere Seele neu belebt und wieder schweben lässt.

6. KW: Engel der Erfüllung

Der Engel der Erfüllung arbeitet mit dem Engel des Abschließens eng zusammen. Alles, was sich erfüllt, ist auch
fertig oder beendet. Dieser Wochenengel lehrt uns, wie
wir Themen und Aufgaben abschließen, fertig machen
und hinter uns lassen können. Er macht uns klar, was
schon erledigt ist und was noch zu tun ist. Durch ihn
können wir Prioritäten in jedem Lebensbereich setzen,
die Voraussetzung für eine klare Struktur in unserem
Alltag sind. Denn erst wenn wir Ordnung auf allen drei
Ebenen gemacht und Vergangenes abgeschlossen haben,
kann sich Neues zeigen, gleich, ob Pläne, Wünsche oder
Ziele. Mit ihm erfüllen sich schwierige karmische Aufgaben, also Dinge, die wir uns für dieses Leben vorgenommen haben.

7. KW: Engel der Einzigartigkeit

Neben dem Engel der Einzigartigkeit steht der Engel der
Eigenliebe. Denn diese ist die Voraussetzung, dass wir
uns als einzigartiges, göttliches Wesen erkennen und an-

nehmen. Der Wochenengel der Einzigartigkeit macht uns klar, dass wir etwas ganz Besonderes sind, genau so, wie wir sind. Durch ihn spüren wir unseren göttlichen Funken, unsere Verbindung zur geistigen Welt. Wir finden zu unserer Seele, in unsere Intuition. Der Engel der Einzigartigkeit führt uns zu neuen Möglichkeiten und Wegen, die wir auf unsere eigene, ganz spezielle Art, leben und gehen können. Mit ihm können wir uns voll und ganz annehmen und alles im Außen leben, was wir in uns an Potenzial und Fähigkeiten in dieses Leben mitgenommen haben.

8. KW: **Engel des Erkennens**

Der Engel des Erkennens hilft uns, festgefahrene Schutzmechanismen zu lösen und wieder offen und frei zu sein. Er lässt Masken fallen und entlarvt zugeschüttete und verdrängte Problematiken. Durch ihn können wir Licht ins Dunkel bringen und uns Menschen und Themen direkt anschauen und uns auch vor allem mit uns selbst wieder auseinandersetzen. Dieser Wochenengel gibt uns Kraft und Bereitschaft, »hinter die Fassade« zu schauen, Verharmlosungen und drohende Abgründe rechtzeitig zu erkennen und dementsprechend zu handeln. Absichten und Hintergründe zeigen sich klar und deutlich, und es bleibt uns nichts anderes übrig, als darauf zu reagieren. Bedanken wir uns beim Engel des Erkennens!

9. KW: **Engel der Würde**

Der Engel der Würde ist der Bruder des Engels der Weisheit. Die beiden ergänzen sich wunderbar und helfen uns, wieder unsere Wertigkeit und Selbstachtung aufzubauen. Dieser Wochenengel zeigt uns in Alltagssituationen, wo wir bei uns stehen, wie wir mit uns umgehen,

was wir uns gefallen lassen. Vor allem aber macht er uns
klar, wo wir uns selbst »niedermachen«, uns schlecht
behandeln oder dies von anderen Menschen zulassen.
Wenn wir uns mit der wunderbaren Energie des Engels
der Würde verbinden und ihn um Hilfe bitten, werden
wir Schritt für Schritt Grenzen setzen und uns wieder
aufrichten können. Die Folge ist ein liebevoller Umgang
mit uns und allen Lebewesen in unserem Umfeld.

10. KW: Engel des Verstehens

Der Engel des Verstehens erweitert unseren Horizont in
jeder Beziehung. Er zeigt uns, wie wir wieder zu unserer
Intuition, unserer inneren Stimme finden und auf sie hören
können. Mit ihm dürfen wir sensitiv und einfühlsam sein
– in Bezug auf uns und in der Folge auch auf jeden anderen Menschen, der uns begleitet. Der Engel des Verstehens
hat die Karma-Engel an seiner Seite und mit ihrer Hilfe
können wir einen Blick auf unser Lebensprogramm und
alle unsere Themen und Ziele werfen. Dadurch wird uns
klar, was wir abschließen und hinter uns lassen können.
Wenn wir unserer Eingebung folgen, ist ein starker Neubeginn möglich – machen wir also den ersten Schritt!

11. KW: Engel der Kraft

Der Engel der Kraft zeigt uns Hilfen und Möglichkeiten auf, wie wir die Anforderungen unseres Alltags ideal
bewältigen können. Er bringt eine Unmenge von guten
Ideen, Wegen und Impulsen mit, die wir immer wieder
als Geschenke annehmen dürfen. Er lehrt uns, Priorität-
ten zu setzen und unsere Kraft optimal einzusetzen und
einzuteilen. Vor allem aber zeigt uns der Engel der Kraft,
wie wir Pflicht und Heiterkeit verbinden können, wie wir

also unsere Arbeitsbereiche erfüllen können, ohne dabei
die Leichtigkeit im Leben zu vergessen. Mit diesem Engel
dürfen wir aus der vollen Herzenergie – der Kraft unserer Seele – schöpfen, deren Potenzial tief in uns schlummert und unendlich groß ist.

12. KW: Engel der Entscheidung

Wenn der Engel der Entscheidung mit unserer Seele »arbeiten« darf, so tut er dies überwiegend im Schlaf. Dabei
werden Grenzen, die wir uns selbst geschaffen haben,
erweitert und gelöst. Der Engel der Entscheidung bringt
uns eine Menge Erfahrungen und bereits Gelerntes aus
vorherigen Leben wieder in Erinnerung. Dadurch wird
unser »altes Wissen« aktiviert, und unsere Seele erkennt
den Weg, den sie sich vorgenommen hat, klar und deutlich. Alte Blockaden fallen und unsere Willens- und Entscheidungsfreiheit fordert ihr Recht, dass wir sie auch
aktiv leben. Alle Schlaf- und Traumengel unterstützen
diesen wunderbaren Wochenengel.

13. KW: Engel der Kommunikation

Der Engel der Kommunikation führt laufend Gespräche
über unsere Seelenebene. Dabei dürfen wir ihn alles fragen, was uns einfällt. Wir werden die Antworten bekommen und auch hören, wenn wir offen und bereit dafür
sind. Er sagt uns, wie wir Disharmonien und Streit lösen
und eine gemeinsame Basis sowie eine positive Zusam-
menarbeit mit anderen begründen können. Unterstützt
wird der Engel der Kommunikation von allen Partner-
schaftsengeln, die sein Wirken ideal ergänzen. Mit dieser
Kombination wird ein in die Tiefe gehender Dialog mit
uns selbst und allen Lebewesen rund um uns möglich,

jegliche Isolation und unpassende Rückzugstendenzen werden aufgelöst bzw. verhindert.

14. KW: Engel der Reinheit

Mit dem Engel der Reinheit kommt alles ans Licht – er lässt es nicht zu, dass wir weiterhin etwas zudecken, sei es ein Gefühl, ein Gedanke oder eine Aussage. Mit diesem Engel fallen Masken und Schleier, er führt uns zu absoluter Offenheit und Ehrlichkeit. Der Engel der Reinheit gibt uns immer wieder Hinweise und Tipps, wie wir uns auf allen drei Ebenen (Körper, Geist und Seele) reinigen können. Er hat eine Menge Ideen, um alten Müll gegen neu aufgebaute Eigenliebe auszutauschen – ein Prozess, der uns überaus glücklich macht! Bringt er doch alles, was wir gerade brauchen. Öffnen wir uns für diesen starken Engel, der uns in diesem Moment die Hand reicht!

15. KW: Engel des Humors

Was würden wir ohne den Engel des Humors nur machen? Wahrscheinlich würde das Leben nur aus Arbeit und Pflicht bestehen, Lachen und Kindlichkeit würden fehlen und alles wäre schwerer. Der Engel des Humors zeigt uns, wie wir trotz aller Einschränkungen und Herausforderungen unseres Alltags immer wieder das Lächeln in uns bewahren können. Alle Musik-, Tanz- und Lachengel unterstützen ihn bei seiner schwierigen Aufgabe. Gemeinsam schaffen sie es dann auch, dass wir nicht alles so schwer nehmen, unter Tränen lächeln können oder Freudentränen vergießen dürfen. Danken wir diesem heiteren Wochenengel, der uns lächelnd zuzwinkert. Sie wissen sicher, warum Engel fliegen können, nicht wahr? Weil sie sich selbst leicht nehmen.

16. KW: Engel der Echtheit

Der Engel der Echtheit führt uns zurück zu der ursprünglichen Wahrhaftigkeit, die in jedem von uns schlummert. Er lehrt uns, unsere Gefühle, Gedanken, Worte und Taten authentisch auszudrücken und uns selbst anzunehmen und zu leben. Er zeigt uns den Unterschied zwischen allem, was vorgetäuscht und oberflächlich ist im Gegensatz zu allem Wahrhaftigen, zum Beispiel einer wahren Liebe. Mit ihm dürfen wir so sein, wie wir ursprünglich wirklich sind, ohne jemandem etwas vormachen zu müssen. Wir aktivieren unser Urwesen tief in uns, unsere weibliche bzw. männliche Urenergie, und dürfen einen kleinen Blick auf unseren göttlichen Ursprung wagen.

17. KW: Engel der Klarheit

Der Engel der Klarheit hat sich vorgenommen, uns bei allen Erkenntnissen und Lernprogrammen zur Seite zu stehen. Er zeigt uns den nächsten Schritt auf unserem Lebensweg und hilft uns, Ablenkungen oder Abweichungen zu vermeiden. Sämtliche Versuchungen und Irritationen sind seine liebsten Übungen – und er führt sie uns unmissverständlich vor Augen. Wenn wir die Augen dann nicht verschließen, werden wir viele der Fallen auch erkennen. Der Engel der Ehrlichkeit unterstützt unseren Wochenengel und trägt noch den Rest dazu bei, um Selbstbetrug und Schummeleien schonungslos aufzudecken. Natürlich nur, wenn wir das auch zulassen.

18. KW: Engel der Harmonie

Der Engel der Harmonie ist dick befreundet mit dem Engel der Liebe. Beide zeigen uns, wie wir ein liebevolles und harmonisches Umfeld schaffen können. Alle Friedensengel unterstützen sie dabei. Mit dem Engel der Harmonie erkennen wir sofort, wo nur oberflächlich ausgeglichen und zugedeckt wird (um des lieben Friedens willen) und wo wirkliche tiefe Ausgewogenheit und Zufriedenheit vorhanden sind. Mit diesem starken Engel werden wir innerlich »rund« – die Voraussetzung, um das auch im Außen leben zu können. Alle künstlerischen, geistigen und seelischen Themen sind Handwerkszeuge unseres Wochenengels, mit denen er uns eine wunderbare Basis schaffen darf.

19. KW: Engel des Herrn

Egal, ob du an Gott, Jesus, das Universum oder etwas anderes glaubst: Wenn du diesen Wochenengel aktivierst, wirst du eine unglaublich schöne und liebevolle Energie an jedem Tag in dieser Woche mitbekommen. Sie wird dir helfen, deine alltäglichen Herausforderungen und Aufgaben gut zu meistern. Der Engel des Herrn reicht dir seine Hand – ergreife sie, denn du wirst förmlich Flügel bekommen und über Steine und Abgründe hinwegschweben. Vertraue dich ihm zuversichtlich an, es kann dir an seiner Seite nichts passieren. Schließe die Augen und hülle dich diese Woche täglich in die Liebe Gottes, Jesu oder dessen, woran du glaubst, ein – du wirst strahlen und diese Kraft auch an andere Menschen weitergeben dürfen.

20. KW: Engel der Urkraft

Wenn du dich wieder richtig spüren willst, dann ersuche den Engel der Urkraft, dich diese Woche zu begleiten. Er wird sofort zur Stelle sein und dir zeigen, wie du dein inneres Potenzial wieder freisetzen und für dich nutzen kannst. Mit seiner Hilfe befreist du deine Urfrau bzw. deinen Urmann in dir und lässt sie bzw. ihn an deinem Leben teilhaben. Du wirst Botschaften, Hinweise und gute Tipps von ihr/ihm bekommen, wenn du ein wenig auf sie/ihn hörst. Erinnerungen und Fähigkeiten aus früheren Leben werden auftauchen, die du gerade jetzt brauchen und nutzen kannst. Ersuche den Engel der Urkraft, dir zu zeigen, wie du dieses alte Wissen in dir wieder spüren und erleben kannst. Er wird dir mit Rat und Tat zur Seite stehen.

21. KW: **Engel der Seele**
Der Engel der Seele ist zuständig für alle Bereiche, die deine Seele, deine innere Stimme, deine Intuition und deine Herzenergie betreffen. Er gibt dir sofort einen Hinweis, wenn du mehr auf die Bedürfnisse deiner Seele achten solltest, also etwas wegschiebst, zudeckst, verdrängst oder überhörst, was wichtig ist. Du bekommst diese Hinweise, bevor noch eine Auswirkung auf der mentalen Ebene, wie in Form von Depression oder Traurigkeit, auftaucht, oder auf der körperlichen Ebene, wie als Krankheit, spür- und sichtbar wird. Ersuche diesen starken Wochenengel jeden Tag um Hilfe und Beistand, bewusster auf deine Seelen-, Herz- und Liebesenergie zu achten und sie vermehrt in deinen Alltag zu integrieren. Du brauchst diese Energie, um auf allen drei Ebenen gesund zu bleiben.

22. KW: **Engel der Vollkommenheit**
Der Engel der Vollkommenheit zeigt dir nicht den Weg zur Perfektion mit dir und deinem Umfeld, sondern er führt dich zu dir selbst zurück. Er zeigt dir einen Weg,

mit dir vollkommen im Reinen zu sein, dich mit dir und anderen wohlzufühlen, dich von alten Mustern und unpassenden Angewohnheiten zu befreien. Durch ihn wirst du innerlich vollkommen »rund«. Seine engsten Mitarbeiter sind der Engel der Fülle und der Engel der Eigenliebe. Zu dritt können sie eine Menge bei dir bewegen, wenn du es zulässt. Dieser Wochenengel hat viele gute Ideen und Möglichkeiten für dich, wie du deine kleinen und größeren Aufgaben voll und ganz erfüllen kannst – zu deiner Zufriedenheit, jedoch ohne den Anspruch des ungesunden Perfektionismus.

23. KW: Engel des Mondes

Mit dem Engel des Mondes aktivierst du in dieser Woche deine Gefühlsebene und dein Unterbewusstsein. Er ist aber auch zuständig für alles, was du im Schlaf be- und verarbeiten darfst und kannst. Er begleitet deine Seele, neben den Traum- und Schlafengeln, auf ihren Traumreisen. Ersuche diesen starken und sensitiven Wochenengel, dir eine Brücke zu deinem Unterbewusstsein zu bauen, um dessen Botschaften und die nächsten Schritte zu erkennen und auch umsetzen zu können. Der Engel des Mondes nimmt dich an der Hand und führt dich auf eine andere Gefühlsebene. Er zeigt dir, wie du deine eigenen Gefühle und die Gefühle anderer besser erkennen und auch optimal darauf reagieren und damit umgehen kannst.

24. KW: Engel der Sonne

Der Engel der Sonne schenkt dir in dieser Woche eine Menge Licht, Wärme und Glück. Er bringt Verdecktes ans Tageslicht und lüftet Schleier und Masken. Durch ihn bekommst du wieder eine klare Sicht und den Durchblick bei den verschiedensten Lebensthemen. Übergib ihm vertrauensvoll alle Probleme, die dich schon über einen längeren Zeitraum hin belasten und quälen, er wird dir sofort helfen. Dieser Wochenengel hält nichts von Verstecken, Umwegen und Ausflüchten – er hat den Engel des Erkennens an seiner Seite. Hülle dich in seine goldene und liebevolle Energie wie in einen Mantel ein, du wirst dich getröstet und glücklich fühlen. Mit diesem Engel kann es dir nur gut gehen!

25. KW: Engel der göttlichen Ordnung

Der Engel der göttlichen Ordnung bringt dir die ethischen Lebens- und Grundgesetze wieder in Erinnerung. Er gibt dir sofort einen Hinweis oder ein Zeichen, wenn du dich dir gegenüber oder in der Beziehung zu anderen unpassend verhältst oder dir bzw. euch schadest. Dieser Wochenengel hält seine Hand über deine Seele, deinen Geist und deinen Körper und schützt diese vor neuerlichen Verletzungen. Fast nebenbei sorgt er dafür, dass alte Wunden so weit wie möglich geheilt oder zumindest behandelt werden. Mit ihm erkennst du die nächsten Schritte deines Lebensweges und weißt genau, wie du mit dir und jedem anderen Lebewesen liebevoll und in Achtung umgehen kannst. Vertrau dich ihm getrost an – es wird dir guttun!

26. KW: Engel des Trostes

Der Engel des Trostes ist sofort an unserer Seite, wenn wir enttäuscht oder traurig sind. Er sendet uns einen Lichtstrahl und erhellt die dunkelsten Stunden. Dieser Wochenengel hat die Engel der Zuversicht und des Mutes an seiner Seite. Gemeinsam ermöglichen sie uns neue Perspektiven und bringen uns die Energie für positive Motivation und einen starken Neubeginn. Nehmen wir ihre tröstende und lichtbringende Hilfe dankbar an und richten wir den Blick auf positive Motivationen und neue Sichtweisen! Der Engel des Trostes hüllt uns in seine Liebe – lassen wir es zu, dass wir sie spüren!

27. KW: Engel der Spiritualität

Dieser starke Wochenengel arbeitet mit unserer Seele und sagt uns, was sie wachsen lässt. Er versorgt uns mit einer Menge Hinweisen und Zeichen, die uns den passenden und aktuellen Seelenbereich erkennen lassen. Dazu gesellt sich noch der Engel der Tatkraft, der uns die Umsetzung all unserer Inspirationen tatsächlich ermöglicht. Alle kreativen Tätigkeiten, alle Gebete, alle Engel und Naturwesen und tausend andere Möglichkeiten sind Nahrung für unsere Seele. Ersuche den Engel der Spiritualität am Abend, dir in dieser Nacht die für dich passende Seelennahrung zu zeigen oder dir einen Hinweis zu geben. Morgen weißt du es!

28. KW: Engel der Träume

Der Engel der Träume begleitet uns nicht nur im Schlaf während unserer Seelenreisen. Er bringt uns auch den Schlüssel wieder, um Träume zu erkennen und zu verwirklichen. Er hüllt uns in seine liebevolle Energie ein und schützt uns vor einem allzu rauen und kalten, oftmals zu rationalen Umfeld. Mit ihm dürfen wir lange vergessene und verdrängte Tagträume wieder zulassen und uns dafür eine Menge Zeit nehmen. Dieser sanfte Wochenengel ist zuständig für die Verwirklichung von

Lebensträumen und großen Visionen. Er macht uns bewusst, was wir uns noch an Wünschen und Plänen für
dieses Leben zu verwirklichen vorgenommen haben.

29. KW: Engel der Freundschaft

Wenn wir den Engel der Freundschaft um Unterstützung
und Hilfe bitten, wird er uns in erster Linie einmal bewusst machen, wie wir mit uns selbst liebevoll umgehen
können. Er zeigt uns, wie wir mit uns Freundschaft schließen und alte negative Muster bezüglich überzogener Kri-
tik uns gegenüber ablegen können. Erst danach können
wir wirklich tief gehende und ehrliche Freundschaften
mit anderen Menschen leben. Dieser Wochenengel ermöglicht Lebensfreundschaften und scheinbar zufällige
Begegnungen mit Lebens- und Seelenpartnern. Die Engel
der Treue und Vertrautheit sind an seiner Seite. Wir dürfen ihre liebevolle Hilfe dankbar und gern annehmen.

30. KW: Engel des Waldes

Mit dem Engel des Waldes dürfen wir die Natur wieder
einmal so richtig spüren, riechen, einatmen. Alle unsere
Sinne werden aktiviert und gestärkt. Er zeigt uns passende Kraftplätze wie Bäume, große Steine oder eine spezie-
le Stelle im Wald, an der wir Seele, Geist und Körper wieder aufladen können. Alle Naturwesen wie Elfen, Gnome
und Baumgeister sind die Helfer und Freunde dieses
Wochenengels. Er nimmt uns an der Hand und lässt uns
die Geheimnisse und Wunder des Waldes neu entdecken.
Wie Kinder dürfen wir sie intensiv und staunend erleben.
Es gibt kein intensiveres Entspannungsprogramm!

31. KW: **Engel der Familie**

Egal, wie alt wir gerade sind oder in welcher Lebensphase wir uns befinden: Der Engel der Familie ist immer an unserer Seite. Er ist zuständig für unser näheres
Umfeld: für die Beziehung zu unseren Eltern, Kindern,
Geschwistern und anderen Verwandten. Sollten wir diese Menschen nicht (mehr) haben, dann aktiviert er unsere Familie aus dem geistigen Bereich. Es warten einige
darauf, angesprochen und in unser Leben involviert zu
werden. Sie helfen und begleiten uns gern. Auch wenn
es etwas seltsam klingt: Unsere Seelenverwandten haben
viele Möglichkeiten, uns zu unterstützen. Nehmen wir
ihre und die Hilfe unseres Wochenengels an.

32. KW: **Engel der Bescheidenheit**

Der Engel der Bescheidenheit hat einen etwas unmo-
dernen, um nicht zu sagen »verstaubten« Namen. Aber
wenn wir uns diesen nach dem Wortstamm anschauen,
sehen wir seine Themen und Bereiche, für die er zuständig ist: Er gibt uns Bescheid, was wir wirklich brauchen
und was nicht. Von ihm bekommen wir Tipps und Hinweise, wo wir etwas reduzieren und damit intensiver erleben können. Dieser Wochenengel hilft uns, unnötigen
Ballast abzuwerfen, der uns nur beschwert. Er ermöglicht uns, leichter und unbeschwerter – vor allem aber
unabhängiger – durchs Leben zu gehen. Nehmen wir
sein Angebot, wieder mehr Luft zu bekommen, an!

33. KW: **Engel der Liebe**

Wir alle brauchen ihn – den Engel der Liebe! Sollte doch
die Liebe die Basis in unserem Leben sein und auch über
allem, was wir im Alltag erfahren und erleben, stehen.

Genau das vermittelt uns dieser große Engel. Er hat es
sich zum Ziel gesetzt, uns zu helfen, nach und nach liebevoll zu fühlen, zu denken, zu sprechen und zu handeln. Eine sehr große Aufgabe, bei der ihm der Engel der
Geduld hilft und begleitet. Dieser Wochenengel aktiviert
auch wieder die Liebe in und zu uns selbst – die Eigenliebe! Erst wenn wir diese zulassen und tief in uns empfinden, können wir einen anderen Menschen wirklich
lieben. Öffnen wir unser Herz für die Liebe!

34. KW: Engel der Gesundheit
Mit dem Engel der Gesundheit dürfen alle unsere Wunden auf der körperlichen, geistigen und seelischen Ebene
heilen. Er zeigt uns Hintergründe und den tieferen Sinn
von Einschränkungen und Krankheiten, die wir gerade
erleben. Dieser Wochenengel macht uns klar, wo wir uns
selbst blockieren und auch schaden. Er zeigt uns alle ungesunden Angewohnheiten und Themen, mit denen wir
uns selbst schwächen, egal, auf welcher Ebene. Er macht
uns das Gesetz von Ursache und Wirkung bewusst. Der
Engel der Heilung unterstützt ihn in seinem Wirken. Mit
ihm machen wir den ersten Schritt, um wieder an ein
ganzheitliches Heil- bzw. Hell-Werden zu glauben und
dieses auch zu erreichen.

35. KW: Engel der Begegnung
Wenn wir alle Ablenkungen von außen ausschalten und
innerlich ruhig werden, dürfen wir mit dem Engel der
Begegnung uns selbst, Gott, Jesus, alle Heiligen, aufgestiegenen Meister und andere Seelen aus dem geistigen
Bereich spüren – alle, an die wir eben selbst glauben oder
die wir gerade brauchen. Dieser Wochenengel macht uns

Begegnungen möglich, die definitiv stattfinden. Wir kommen durch ihn zu Menschen, die gerade jetzt wichtig für uns sind. So kann sich auf optimale Weise gegenseitige Unterstützung und Hilfe ergeben. Der Engel der Begegnung arrangiert die ungewöhnlichsten und interessantesten Zusammenkünfte. Danken wir ihm für alles Neue, das in unser Leben kommen wird und darf.

36. KW: Engel der Ruhe

Gerade in unserer hektischen Zeit, im lauten »Alltags-Irrsinn« zeigt uns der Engel der Ruhe, wie wir unnötigen Lärm und Dauerberieselung von uns fernhalten können. Er gibt uns Möglichkeiten und eine Menge Tipps dafür. Wir brauchen nur Augen und Ohren aufzumachen – und natürlich unser Herz. Sofort werden wir eine Nachricht von unserem Wochenengel bekommen. Er zeigt jedem von uns seine für ihn optimale Methode, um innerlich ruhig und entspannt zu sein. Er freut sich, wenn wir jeden Tag mit diesem Thema einen kleinen Schritt weiter kommen und wieder die leisen Töne in uns aktivieren. Schließen wir die Augen und spüren den Engel der Ruhe in und neben uns.

37. KW: Engel des Verzeihens

Der Engel des Verzeihens hilft uns in erster Linie, einmal weniger streng mit uns selbst zu sein, Menschen und Aktivitäten loszulassen, die uns einschränken, und neue Visionen zuzulassen. Er zeigt uns, wie wir uns und die Menschen, die uns begegnen, tolerant und liebevoll annehmen können, so wie sie sind. Der Engel des Verzeihens lehrt uns, den Augenblick voll und ganz zu leben und zu nutzen. Er hilft uns, vergangene Belastungen und zukünftige Sorgen aufzulösen und ermöglicht ein tiefes Bewusstsein im Jetzt. Laden wir ihn an jedem Morgen dieser Woche ein – mit einem kurzen Gebet oder auch nur mit einem bewussten Gedanken an ihn – und bitten wir ihn, uns den ganzen Tag über zu begleiten und uns zu helfen.

38. KW: Engel des Neubeginns

Der Engel des Neubeginns hilft uns, Altlasten und Themen, die abgeschlossen sind, hinter uns zu lassen und unsere Ängste und Zweifel zu überwinden, um einen notwendigen Durchbruch zu schaffen. Durch ihn bekommen wir mehr Mut, Energie und das nötige Selbstvertrauen, um uns in neue Bereiche und an neue Aufgaben zu wagen. Wenn wir den Engel des Neubeginns um Unterstützung und Hilfe bitten, dann werden wir unglaubliche Erfahrungen machen und einige positive Menschen treffen, die uns auf unserem Weg begleiten. Urvertrauen und Zuversicht sind die Schlüssel zu dieser neuen Tür, die darauf wartet, geöffnet zu werden!

39. KW: Engel des Erfolges

Der Engel des Erfolges gibt uns das intuitive seelische Erkennen, was in unserem Leben und Alltag wirklich wichtig und entscheidend für uns ist. Mit seiner Unterstützung können wir eine Menge im zwischenmenschlichen Bereich und mit uns selbst klären. Durch ihn lösen sich Schleier auf, verziehen sich Wolken, die sich durch unser Ego gebildet haben. Gleich, in welchem Bereich: Wir werden erst erfolgreich sein, wenn wir aufhören, etwas zu erzwingen oder erkämpfen zu wollen. Durch Urvertrauen und eine heitere Gelassenheit fällt uns der

Erfolg förmlich zu – das lernen wir von diesem Engel, den wir in dieser Woche sehr stark an unserer Seite spüren dürfen.

40. KW: **Engel der Partnerschaft**

Der Engel der Partnerschaft führt uns in erster Linie wieder zurück zu uns selbst. Er sagt uns, wie wir den Mut finden, unsere Einzigartigkeit und den göttlichen Funken in uns zuzulassen und zu erkennen. Er aktiviert unsere Eigenliebe, die die Voraussetzung ist, um eine liebevolle Partnerschaft mit uns selbst und in der Folge mit unserem jetzigen oder zukünftigen Partner leben zu können. Erst wenn wir erkennen, dass die Liebe die Basis und die Treue zu sich selbst ein wichtiger Hintergrund ist, sind wir wirklich offen und bereit für eine echte und tiefe Partnerschaft. Dieser Engel hilft uns, wertvolle Beziehungen aufzubauen und zu vertiefen.

41. KW: **Engel der Lebensfreude**

Der Engel der Lebensfreude arbeitet eng mit unserem persönlichen Schutzengel zusammen. Beide geben uns immer wieder die Möglichkeit, aus dem Hamsterrad der Alltagspflichten auszubrechen und Spiel und Lachen wieder mehr leben zu können. Wenn wir die ersten zaghaften Schritte in diese Richtung machen, können wir endlich Projekte auf Eis legen, die uns nur Kraft kosten und Verdruss bereiten. Wir können notwendige Prioritäten setzen. Unsere Seelenkraft lässt sich nur spüren, wenn wir Pausen machen und unsere Herzenergie wieder frei fließen lassen. Mit dem Engel der Lebensfreude fühlen wir uns regelrecht beschwingt.

42. KW: Engel der Arbeit

Der Engel der Arbeit zeigt auf, was wir uns an Aufgaben für dieses Leben vorgenommen haben. Er arrangiert dafür Treffen mit wichtigen Menschen zum passenden Zeitpunkt. Beständigkeit und Beharrlichkeit zeichnen ihn aus – er gibt nicht so leicht auf! Wenn wir nicht gleich auf seine Zeichen achten, versucht er es immer wieder. Er ermöglicht uns neue karmische Begegnungen. Natürlich ist er auch für unsere Arbeit zuständig, unser Einkommen, unsere Wurzeln und unser Heim. In jedem Bereich, der für uns »Arbeit« bedeutet, dürfen wir ihn um Unterstützung bitten. Er ist sofort zur Stelle!

43. KW: Engel des Abschließens

Der Engel des Abschließens hilft uns, sogenannte Endlosprogramme endlich hinter uns zu lassen. Er zeigt uns, wie wir einen Neubeginn wagen können, der uns glücklicher und freier macht. Vor allem in Partnerschaften und schwierigen karmischen Beziehungsaufgaben ist er zur Stelle und setzt Impulse hin zu einem positiven Umschwenken. Immer, wenn man glaubt, am Ende der Kraft zu sein und nicht mehr weiterzuwissen oder zu können, sollte man den Engel des Abschließens um Hilfe bitten: Es wird schneller etwas geschehen und in Bewegung kommen, als man sich bis zu diesem Zeitpunkt vorstellen konnte. Ein sehr starker Engel, dessen Energie Trost und Schutz gibt!

44. KW: Engel der Zufriedenheit

Der Engel der Zufriedenheit lehrt uns, kleinere Geschenke schätzen und annehmen zu können. Er zeigt uns das kleine beständige Glück, die Freude an den »kleinen

Dingen des Lebens« und die innere seelische Harmonie. Mit ihm können wir Schritt für Schritt an uns selbst arbeiten und dadurch auch auf unserem Lebensweg vorankommen. Er löst falsche und unpassende Wünsche und Visionen, Vorstellungen und Träume und ersetzt diese durch Urvertrauen und echte Herzenswünsche – wenn wir es wirklich wollen und unseren Teil dazu beitragen. Der Engel der Zufriedenheit hält seine schützende Hand über die Familien. Er hat den Engel der Bescheidenheit an seiner Seite.

45. KW: Engel der Erkenntnis

Wenn wir bereit sind, falsche Wertigkeiten zu vermeiden und die wahren inneren Werte zu leben, dann steht der Engel der Erkenntnis neben uns und nimmt uns an der Hand. Durch ihn wissen wir, wann und wo wir ein bestimmtes Nein aussprechen und uns zurückziehen können. Es macht uns nicht immer Freude und ist bestimmt nicht unproblematisch, wenn er uns die Hintergründe zeigt und die Schleier wegzieht. Aber auf längere Sicht hin werden Blockaden gelöst und wir können unsere Seelenkraft wieder voll und ganz spüren. Der Engel der Erkenntnis weist uns den Weg zum inneren Erfolg, die Voraussetzung für den Sieg über unser Ego. Heißen wir ihn in dieser Woche willkommen!

46. KW: Engel der Geborgenheit

Der Engel der Geborgenheit arbeitet eng mit dem Engel der Liebe zusammen. Er hilft uns, wenn wir nicht weiterwissen und uns einsam und alleingelassen fühlen. Er zeigt uns einen positiven Neubeginn mit uns selbst und auch die weiteren Schritte auf unserem Lebensweg. Wenn wir die Augen schließen und in uns hineinspüren, werden wir den Bereich unserer Seele finden, der uns Schutz und Geborgenheit in uns selbst gibt. Erst dann können wir Geborgenheit von unserem Umfeld annehmen und sie auch anderen geben. Dieser Engel gibt uns eine Menge Kraft, um unseren Alltag trotz aller Belastungen und Rückschläge erfolgreich zu bewältigen.

47. KW: Engel des Wachstums

Der Engel des Wachstums ist an unserer Seite, wenn wir uns mit kleineren oder größeren Lebensumstellungen und Umbrüchen konfrontieren müssen. Nur wenn wir Veränderungen annehmen und uns nicht dagegen wehren oder dagegen ankämpfen, gehen wir wieder einen Schritt weiter. Der Engel des Wachstums macht uns alles bewusst, was wir in uns tragen und nun aktiviert werden kann: unser Seelenpotenzial. Nehmen wir diese Möglichkeiten und Fähigkeiten unserer Seele nun verstärkt und bewusster wahr. Denn das ist die Voraussetzung, um uns und andere voll und ganz annehmen zu können. Wahre Größe erreichen wir nur durch Liebe und Verzeihen.

48. KW: Engel der Sanftmut

Der Engel der Sanftmut zeigt uns die ideale Mischung, um sanft, aber bestimmt unsere Gefühle und Gedanken aussprechen zu können. Mit ihm erfüllen wir uns Träume und Wünsche, die für uns vorgesehen und auch erreichbar sind. Der Engel der Sanftmut strahlt eine wunderbare Lichtenergie aus, die wir spüren, wenn wir es schaffen, unseren Ärger in liebevolle Nachsicht zu wandeln. Damit ist jedoch nicht gemeint, dass wir zu viel zulassen oder in der Opferrolle verharren sollen. Er hilft

uns, unsere ganz spezielle Art zu finden, um Herzens-
angelegenheiten deutlich und klar, aber mit Liebe und
Toleranz dem anderen gegenüber auszusprechen und
umzusetzen.

49. KW: Engel der Freude

Es gibt Tage, da ist eigentlich alles in Ordnung und trotzdem fühlen wir uns nicht so richtig »rund«. In diesem
Fall sollten wir den Engel der Freude um Hilfe bitten, er
wird sofort an unserer Seite sein. Wir werden ihn spüren,
wenn sich eine kleine Disharmonie löst, sich ein gutes
Gespräch ergibt. Der Engel der Freude hilft uns, sponta-
ner und offener durch das Leben zu gehen und es auch
mehr zu genießen. Gefühle und Gedanken werden »hel-
ler«, wir können wieder mehr Glück und Liebe spüren
und Fröhlichkeit und Lachen zulassen. Holen wir uns
diesen starken Engel zu Hilfe, denn wir haben uns für
das Leben jetzt in erster Linie vorgenommen, glücklich
und zufrieden zu sein.

50. KW: Engel der Ausdauer

Der Engel der Ausdauer ist an unserer Seite und nimmt
uns an der Hand, wenn wir flüchten wollen: vor lang-
wierigen und »nervigen« Beziehungen, Aufgaben und
Themen. Er zeigt uns, wie wir uns trotzdem entspannen
und – egal, wie belastet wir sind – diese Zeit als Gewinn sehen dürfen. Der Engel der Ausdauer bringt eine
Menge Geduld und langen Atem mit, viel Kraft und die
Gewissheit, dass wir alles schaffen, wenn wir es wirklich von Herzen wollen. Er hilft uns, falschen (unnötigen) Verdruss loszulassen und mehr die weibliche Seite,
das Gefühl zu leben. Wir spüren ihn am stärksten, wenn

wir ihn bitten, uns im Traum den nächsten Schritt zu zeigen.

51. KW: Engel der Begeisterung

Der Engel der Begeisterung wird unterstützt und begleitet vom Engel des Neubeginns. Alle neuen Aktivitäten und Pläne werden von diesen beiden Engeln verstärkt unterstützt. Der Engel der Begeisterung hilft aber auch, wenn wir eingefahrene alte Muster und tote Energien loswerden wollen. In dem Moment, wo wir auf der geistigen oder seelischen Basis positive Erfahrungen machen wollen und dazu auch wirklich bereit sind, wird uns der Engel der Begeisterung an der Hand nehmen und begleiten. Er zeigt uns, dass es jetzt an der Zeit ist, uns für Unbekanntes und Aufregendes zu öffnen. Und wenn wir gerade ein wenig fliegen wollen, leiht er uns seine Flügel!

52. KW: Engel der Geduld

Der Engel der Geduld hat eine der schwierigsten Aufgaben mit uns übernommen: nämlich die, uns dahin zu führen, dass wir immer wieder abwarten und nichts überstürzen. Meistens wollen wir alles, und das gleich. Dabei übersehen wir, dass einiges vielleicht noch gar nicht passt und uns auf längere Sicht nicht glücklich machen würde. Der Engel der Geduld macht uns klar, was uns wirklich nützt und was wir wachsen lassen und vorerst einmal weglegen sollten. Er zeigt uns den richtigen Zeitpunkt und Ansatz. Wenn wir auf ihn hören und geduldig abwarten, werden wir später Geschenke auf allen drei Ebenen bekommen und uns bei diesem großartigen Engel von Herzen bedanken dürfen.

53. KW: **Engel der Weisheit**

Der Engel der Weisheit ist immer bei uns, wenn wir unser »altes Wissen« (alles, was wir aus den vorigen Leben gelernt und in das jetzige mitgenommen haben) aktivieren und anzapfen wollen. Er zeigt uns Methoden, wie wir diese alte Weisheit, die in uns ist, nutzen und leben können. Der Engel der Weisheit erreicht uns über die Seelenenergie – vor allem in den frühen Abendstunden. Er hat eine sehr liebevolle kindliche Ausstrahlung, die uns von zu viel Sorge und Ernst befreit. Intuition und die innere Stimme werden durch ihn verständlich und klar. Wenn Weihnachtstage in die 53. Kalenderwoche fallen, dann können uns auch Visionen und Wunder begegnen. Manche verstehen in diesen Tagen sogar die Sprache ihrer Haustiere wieder.

Kinder- und Geschwisterzahlen

Jede Seele hat sich vor der Inkarnation in diesem Leben auf der Erde genau die dafür passenden Konstellationen ausgesucht: den Zeitpunkt, die Familie mit den Eltern, Großeltern, Geschwistern und so fort. Nur so kann sie ihr Lebensprogramm mit all seinen Herausforderungen und Aufgaben erfüllen. Demzufolge hat es sehr wohl einen bewusst gewählten Hintergrund und Sinn, ob man als erstes oder drittes Kind auf die Welt kommt – und ob man sich überhaupt Geschwister für dieses Leben ausgesucht hat.

Für die Kinder- und Geschwisterzahlen ist in erster Linie der Tag der Geburt wichtig. Das ist die Anfangszahl unseres Lebens, also der Start und die Grundenergie, die sich durch unsere Kindheit zieht. Sie finden in der folgenden Übersicht Hinweise zu Hintergründen und Aufgaben für Kinder vom Erstgeborenen bis hin zum Zehntgeborenen. Sollte es Fehlgeburten bzw. Abtreibungen in der Familie geben, müssen diese Seelen auch ihren Platz bekommen und als Kind im geistigen Bereich bei der Geschwisterfolge berücksichtigt werden.

1: Ich bin der Vorreiter und habe eine Menge Energie und Mut.

2: Ich habe immer jemanden neben mir, wenn ich Hilfe brauche.

3: Meine Familie, Freunde und alle Gruppen geben mir den nötigen Halt.

4: Ich finde neue Strukturen und Ordnungen in meinem Zuhause.

5: Ich bringe Bewegung, Aktivität und eine Menge Energie mit.

6: Harmonie und Schönheit sind mir wichtig. Darüber steht die Liebe.

7: Ich bin auf jeden Fall ein Gewinn und lebe mit viel Glück und Erfolg.

8: Ich lebe alles mit Achtsamkeit und erfülle alle Programme, die ich mir vornahm.

9: Mit Sensitivität und Intuition beende ich alles Vergangene. Ich lebe meine Seele.

10: Ich bringe neue Themen und Energien in diese Familie. Ich bin stark.

Anhand der Zahlen meiner zwei Schwestern und mir selbst dazu praktische Beispiele: Renate, meine älteste Schwester, ist am 12.9.1953 geboren, Nori, meine mittlere Schwester, am 27.2.1956 und ich am 3.6.1961. Schauen wir uns jeweils die erste Zahl dieser Geburtstage an: bei Renate 12, bei Nori 27 und bei mir 3:

Was sehen wir hier? Durch die 1 ist sichtbar gemacht, dass Renate die Erstgeborene ist, insgesamt hat sie jedoch die 3 aus der 12. Ein Hinweis darauf, dass noch 2 Geschwister folgen können. Und mit der Energie der 3 war sie schon als Kind sehr sozial und mitfühlend, wie wir alle das auch so erlebt haben. Familie und Freunde waren extrem wichtig, und sie brauchte den Schutz der Gruppe – sie wollte nicht allein sein.

Ganz anders schaut es bei der zweitgeborenen Schwester aus. Mit der 27 zeigt sich auch hier die Reihenfolge ganz klar, jedoch verlangt die 9 aus der 27 ein ganz anderes Kindheitsprogramm: sehr intuitiv, sensitiv bis hin zu Zukunftsvisionen (die sich auch erfüllten) und starken Zeichen immer wieder in den Träumen, dazu sehr sensibel und verletzbar, musste sie sich zudem immer wieder mit dem Thema des Lösens und Loslassens auseinandersetzen.

Meine Anfangszahl ist die reine 3 – also die Drittgeborene. Außerdem sind die Themen dieses Kindheitsprogramms ausgerichtet auf Hilfe geben und annehmen.

Tierliebe von Geburt an ist genau so ein Lebensinhalt wie Kreativität und Toleranz. Körper, Geist und Seele wollen verbunden werden (ein Programm, das noch immer eine Herausforderung ist!) – ein sehr komplexer Bereich.

So eindeutig zeigt sich die Geschwisterfolge natürlich nicht immer. Wenn andere Bereiche und Aussagen der Zahlen wichtiger und wegweisender sind, zeigt sie sich eher verdeckt. Manchmal sieht man in der ersten Zahl auch, dass es noch eine Seele gibt, die ihren Platz in dieser Familie einnimmt, wenn auch nicht auf dieser Welt:

Meine Tochter Victoria ist am 29.3.1990 geboren. Sie ist mein einziges Kind und hat als erste Zahl die 29, in der auch die 11 und dann die 2 enthalten sind (2 + 9 = 11; 1 + 1 = 2). In diesem Fall versteckt sich hinter der 29 eine Seele, die zu unserer Familie gehört (ich habe sehr jung einen Sohn verloren). Hier zeigt es die 29 sehr klar: das 2. Kind (2) mit einem Verlust- oder Lösungsprogramm (9), trotzdem führt es zur reinen 2, weil ja die erste Seele ihren Platz hat und Victoria somit das 2. Kind ist.

Ein anderes Beispiel mit einer ganz anderen Geschwisterverbindung haben wir bei meiner Nichte Sandra, geboren am 2.9.1978, und meinem Neffen Manuel, geboren am 20.12.1980. Beide haben die 2 als erste Zahl – eine ganz starke Verbindung mit einem sehr eng verwobenen Lebensprogramm, das sich bisher auch wirklich so zeigt. Das Du ist ganz wichtig, die Dualität und das Aufeinanderbezogensein. Gemeinsam wurde die Kindheit durchlebt und die Scheidung der Eltern durchgestanden. Beide gehen nach wie vor miteinander durch dick und dünn – eine sehr starke und positive Basis als Bruder bzw. Schwester, als Wegbegleiter und bester Freund bzw. beste Freundin.

Oft ergänzen sich auch die Kindheitsprogramme der Geschwister, wie ich nachfolgend anhand der Daten meiner Mutter und ihres Bruders zeigen möchte: Mein Onkel wurde am 3.6.1925 und meine Mutter am 31.5.1927 geboren. Beide haben die 3 als erste Zahl, jedoch durfte sie mein Onkel mit Familien- und Gruppenthemen leben, hatte hier auch das schwerste Programm mit meinen Großeltern bezüglich Disziplin und Gehorsam, während meine Mutter neben der 3 noch die 1 mitbekam, also insgesamt die 4. Diese konnte sie zwar in einem geschützten Heim leben, jedoch mit Einschränkungen und Rückzugsthemen. Die beiden Kindheitsthemen ergänzen sich und wurden auch hier wieder mit einer sehr starken Geschwisterbasis gelebt, wo sie sich aneinander halten und sich begleiten konnten. Kein einfaches, aber ein umso innigeres Programm.

Interessant – und deswegen habe ich auch meinen Onkel als Beispiel gewählt – ist, dass sich hier nebenher auch noch ein Familienmuster sehr deutlich zeigt: Mein Onkel wurde am 3.6.1925 geboren und hat die Lebenszahl 26/8 (Quersumme des gesamten Geburtsdatums). Ich wurde am 3.6.1961 geboren und habe ebenfalls die Quersumme 26/8. So ein Zufall, oder? Es wird also wohl Parallelen bei Lebensthemen und Herausforderungen geben, die natürlich von uns beiden individuell und völlig verschieden gelöst und in Angriff genommen wurden bzw. werden.

Sie sehen anhand dieser Beispiele, dass es eine Reihe von vielschichtigen Möglichkeiten und Aussagen bezüglich Kinder- und Geschwister-Reihenfolge und -zahlen gibt. Schauen Sie sich Ihr Umfeld genau an, vergleichen und spielen Sie mit den Daten. Lassen Sie die Botschaften Ihrer Engel zu, dann werden Sie einen Blick hinter das Geburtsdatum erhaschen und Hintergründe spüren können. Es wird Ihnen einiges klar, und Sie können manches Geheimnis lüften bzw. bislang Unverständliches aufklären.

Sie werden merken, dass die Kombination von den jeweiligen Programmen entweder Gemeinsamkeiten oder Gegensätze vorgibt, die gelebt bzw. gelöst werden wollen. Wenn Sie offen und neugierig sind und mit den Zahlen spielen, werden sich alle Energien zeigen, die Sie für einen Durchblick brauchen. Setzen Sie sich einfach einmal damit auseinander: Sie werden einen anderen Ansatz und Zugang bekommen. Gefühlsmäßiges Erfassen und die ergänzenden Botschaften der Engel werden Ihre Belohnung sein!

Hausnummern

Es ist sicher kein Zufall, welche Nummer auf unserem Heim steht, sei es Wohnung oder Haus. Überlegen Sie einmal, wie oft diese geschrieben bzw. gelesen und auch ausgesprochen wird. Sie haben sich auch diese Energie ausgesucht, und sie passt genau zu Ihrer derzeitigen Lebensphase.

Hier ist zu beachten: Es werden alle Zahlen zusammengezählt und die Quersumme bis auf eine Zahl von 1 bis 12 reduziert. Das ist vor allem in Österreich wichtig, wo es in größeren Wohnblöcken oft nicht nur Hausnummern, sondern auch noch Stiegen und Etagen bzw. Türen gibt, zum Beispiel bei einer Wohnung mit Haus Nr. 12, Stiege 2, Tür 8, also: 12/2/8 = 22 = 4. Dieses Zuhause hat die Energie und die Themen der 4 aus der 22.

Sollte ein Buchstabe neben der Zahl stehen, beispielsweise Hirtengasse 16a, dann ist auch dieser dazuzuzäh-
len, denn seine Energie gehört unbedingt berücksichtigt.
Kurzinfo: a=1, b=2, c=3, d=4, e=5, f=8, g=3, h=5. (Ich
halte mich bei der Zuordnung von Zahlen zu Buchstaben an das, was die Autorin Penny McLean dazu wei-
tergibt.)

Bei unserem Beispiel also: 16 + 1 = 17/8, also die
Energie der 8 aus 17.

Nachstehend finden Sie Kurzaussagen und Themen der
Hausnummern, die durch Quersummenbildung auf die
Zahlen von 1 bis 12 reduziert worden sind.

1: Hier kann man gut allein leben; Eigenständigkeit
   und Unabhängigkeit; Achtung vor Isolation und ex-
   tremem Rückzug.

2: Ein Heim für eine gute Partnerschaft, sei es mit dem
   Lebenspartner, mit einem Kind, einer Freundin, einem Freund oder auch einem Tier.

3: Das ideale Haus für eine Familie, hier können mehrere Generationen zusammenleben, ideal auch für
   Wohngemeinschaften aller Art, betreutes Wohnen
   und Ähnliches.

4: Das Heim als Schutz, wo Geborgenheit und Sicherheit gelebt wird; die Höhle; Achtung vor Einschränkungen und Pedanterie, Ordnung und Struktur sind
   aber wichtig.

5: Viel Bewegung im Haus, immer wieder gute Ideen und neue Pläne, es wird ständig um- und angebaut, verändert und umgestellt; auch Lebensformen und Ansichten werden erprobt, ungewöhnliche Formen des Zusammenlebens; Achtung vor Chaos und Umbrüchen.

6: Ein Haus, das kuschelig und harmonisch ist; Schönheit und Wohlfühlen stehen hier an erster Stelle, Streit und Disharmonien sind kein Thema; »My home is my castle« ist hier das Motto; jede Art von Liebe und Zuwendung sind hier möglich.

7: Ein schönes Haus, das sich präsentiert und gezeigt, ausgestattet und geschmückt werden will; hier kann man aber auch viel lernen und Wissen weitergeben, ein Haus, das glänzt und leuchtet, extravagante Wohnungen mit Stil und gutem Geschmack; Achtung vor Protzerei.

8: Dieses Heim ist dem Bewohner zugefallen, da wäre er nicht daran vorbeigekommen, hier gehört er her; es gibt kaum einen anderen Platz für ihn, um seine Aufgaben zu erfüllen; auf Ausgewogenheit und Gerechtigkeit achten, statt eine Achterbahn zu leben, sollte alles mit Maß und Ziel erfolgen; karmische Themen und Beziehungen.

9: In diesem Heim kann man die Gefühle leben, die Intuition, die Spiritualität; man kann auch alles lösen und hinter sich lassen, was man nicht mehr braucht; hier wohnen Seele und Geist; Achtung vor Süchten und ungesunden Angewohnheiten; man erntet hier besonders schnell, was man aussendet.

10: Das ideale Heim für einen starken Neubeginn mit sich oder anderen, durchstarten und zu mir kommen, mich zurückziehen und mich wieder spüren, neue Kräfte und Potenziale aktivieren, immer wieder neue Themen und Menschen; Partnerschaft darf nicht zu straff bzw. eng oder gegenseitig einschränkend gelebt werden.

11: Hier kann man Familie und Beruf vereinen, darf eine Firma aufbauen, ein Gewerbe anmelden, eine Familie gründen, dabei sollten aber die Bereiche klar und deutlich getrennt gelebt werden; ein Haus für eine gute Partnerschaft, in der keiner vereinnahmt oder eingeengt werden darf; Achtung vor Besitzdenken und Verlustangst.

12: Gut für Gruppenarbeit und -leben, quer durch alle Themen: sozial, spirituell oder kreativ, auf jeden Fall sollten einige Menschen zusammen hier ihr Zuhause haben oder zumindest auf Besuch kommen; ein freundliches Heim, das immer offen steht für Freunde und Familie, für liebe Menschen; auf einen Ausgleich von Geben und Nehmen achten!

Ein Beispiel von mir: Ich wohne am Hasenweg 16. Als Mensch mit der Lebenszahl 8 passt das sehr gut, weil 16 mit Quersumme 7 ein Haus ist, in dem ich harmonisch und erfolgreich mit den Engeln arbeiten darf, steht doch mit der 7 auch der Schutzengelaspekt darüber. In der 16 ist die Liebe und die Harmonie enthalten, jedoch im negativen Fall auch die Einsamkeit, das Alleinsein.

Auf keinen Fall dürfte ich das Haus meiner Eltern übernehmen und dort einziehen: mit der Hausnummer 26 und meiner persönlichen Quersumme 8 verstärkt es mein nicht ganz einfaches Achter-Programm. In diesem Fall wäre es für mich keine Verbesserung. Für meine Eltern war bzw. für meinen Vater ist diese Hausnummer hingegen nach wie vor sehr passend.

Es ist natürlich auch ein Unterschied, ob die 8 aus der 26 oder aus der 44 entstanden ist. Die Adresse unseres Seminarraumes Engellicht ist Rochusstraße 44 – hier passt die 8 aus der 44 sehr gut, da meine Freundin Eveline (mit der ich dieses Projekt mache) ein Vierer-Mensch ist und sich das ideal mit meiner 8 ergänzt. Wir können mit der 44/8 in diesen Räumen wirklich alles verwirklichen, was so auf uns zukommt, sogar die verrücktesten Sachen werden hier funktionieren.

Ein anderes Beispiel: Meine mittlere Schwester lebte über Jahre in einem gemieteten Haus mit der Nummer 27/9. Wie wir wissen, wird mit der 9 sehr vieles abgeschlossen, zum Teil fällt es auch weg, wenn wir gar nicht damit rechnen. Es könnten aber auch Verluste und Einschränkungen der Fall sein. Tatsächlich wurde bei ihr vor Jahren einmal eingebrochen und etliches gestohlen. Die Ehe wurde beendet. Mit der 27 hat sie auch die gleiche Zahl wie ihren Geburtstagseinstieg (sie ist am 27. Februar geboren). Hier wurde das Programm nochmals verstärkt, auch nicht gerade einfach, aber dadurch konnte sie entscheidende Schritte vorwärts gehen. Vor einem halben Jahr zog sie in ein kleines Haus mit der Nummer 7. Die reine 7 steht, wie wir bereits wissen, für Gewinn und den

Schutzengelaspekt, für Glück und Erfolg und natürlich auch für Lernen und Lehren (sie ist Berufsschullehrerin). Auf dem Haus steht die Jahreszahl, als es erbaut wurde, nämlich 1898. Das ist auch das Geburtsjahr unserer Großmutter mütterlicherseits, zu der meine Schwester eine sehr intensive Verbindung hatte und noch (im geistigen Bereich) hat. Sie sehen also: Es gibt keine Zufälle, und wir bekommen immer wieder Zeichen von unseren Engeln. Wenn wir sie wahrnehmen, fällt uns das Passende zu.

Machen Sie jedoch keine komplizierte Wissenschaft daraus. Gehen Sie lieber nach Ihrem Gefühl. Geht es Ihnen wirklich gut dort, wo Sie gerade leben, oder schreit alles förmlich nach einer Veränderung? Übergeben Sie Jesus und Ihren Engeln Ihre Wünsche und Pläne, machen Sie die Augen und Ohren auf: Die passende Wohngelegenheit, das ideale Haus, die perfekte Wohnung wird sich zeigen. Trauen Sie es sich zu, die Zeichen zu sehen!

Autokennzeichen und andere Zahlen im Alltag

Mein erstes ganz neues Auto – vor einigen Jahren habe ich mir das geleistet und vergönnt. Damit bekam ich dann auch ein neues Autokennzeichen. Wunschnummern waren groß in Mode, kamen aber für mich absolut nicht infrage. Ich ersuchte meinen Schutzengel Max und die passenden Autoengel, mir mein persönliches Kennzeichen zu organisieren. Als mich mein Versicherungsvertreter anrief und mir sagte, es sei nun alles erledigt und ich könne mir mein Auto beim Händler abholen, war ich doch etwas aufgeregt und neugierig auf meine Zahlen.

Da sah ich ihn schon, meinen kleinen Roten und das Autokennzeichen lautete auf: E 643 BF. Ich konnte ein Lächeln nicht unterdrücken und bedankte mich sehr herzlich bei allen Engeln, die da ihre Hand im Spiel hatten.

In dieser Kombination ist nämlich mein Geburtstag und Geburtsmonat enthalten (3.6.), dann auch noch die Zahl 4 mit den seinerzeit absolut aktuellen und zutreffenden Themen: neue Strukturen und Ordnung finden und schaffen. Die Quersumme dieser Zahlen ergibt die 13 – eine Meister- und Schutzengelzahl. Auch das war und ist nach wie vor sehr passend, musste doch Eigenverantwortung und Entscheidungsfreiheit aktiviert und gelebt werden. Energie und Schutz meiner Engel begleiten mich natürlich auf jeder kurzen Fahrt oder längeren Reise. Meine Engel haben mir also die optimale Zahlenkombination geschenkt – ein großes Dankeschön dafür!

Ich zähle bei Autokennzeichen nur die Zahlen, nicht die Buchstaben. Bei deutschen Kennzeichen, zum Beispiel M – KS 1024 also nur die 1024, die zur Quersumme 7 führt. Bei Schweizer Kennzeichen, zum Beispiel ZH 132486 gilt dann nur die 132486 mit zunächst der Quersumme 24 und daraus der Quersumme 6.

Nachstehend die Bedeutung der Autokennzeichen-Quersummen, die hier von 1 bis 13 gehen:

1: Neue Energien, neue Lebensthemen und immer wieder neue Menschen; Reinigung und Neubelebung auf allen Reisen.

2: Mit mir und dem Nächsten eine Partnerschaft zulassen; meinen Schutzengel auf alle Fahrten mitnehmen; abwägen und immer beide Seiten sehen.

3: Sozial und liebevoll leben, auf andere eingehen und ihnen helfen, aber auch Hilfe annehmen; Familie und Freunde sind wichtig.

4: Ordnung und Struktur in den Alltag bringen, auch auf Reisen die Routen planen und gut vorbereiten; Einschränkungen lösen, Grenzen erweitern.

5: Viel Bewegung, immer wieder neue Möglichkeiten entdecken, die vorgenommenen Ziele erreichen; alles selbst in die Hand nehmen; nicht zu schnell unterwegs sein.

6: Schönheit und Fülle der Welt genießen und wahrnehmen; Harmonie, Ausgewogenheit und Liebe leben; alles mit Maß und Ziel.

7: Lernprogramme liegen auf dem Weg und zeigen sich, mit Erfolg und Glück kann man sie auch erfüllen; der Schutzengel ist immer dabei; ausreichend Geld ist vorhanden.

8: Immer wieder Beziehungen und Themen, die man sich für dieses Leben vorgenommen hat; Orte und Wegbegleiter erkennen und sich zurückerinnern.

9: Intuitiv alles erfassen, die innere Stimme hören; Spiritualität und Sensitivität werden gelebt; Gefühle wollen gelebt werden; Altlasten und eingrenzende Muster ablegen.

10: Eigenständigkeit und Unabhängigkeit sind großes Thema; Befreiung und Willensfreiheit; neue Wege mit neuen Menschen und interessanten Themen.

11: Immer wieder neue Möglichkeiten und eigene Entscheidungen; Pläne verwirklichen; möglicherweise wird dieses Auto auch von zwei Personen gefahren.

12: Häufiger Fahrten allein und mit anderen; Hilfe geben und nehmen; Themen wie Gesundheit und Spiritualität sind aktuell; die Gefühlsebene will gelebt werden.

13: Göttliche Zahl; Meisterschaft für das eigene Leben übernehmen; Schutzengel immer wieder bewusst um Begleitung bitten; einen Schritt nach dem andern machen.

Meine mittlere Schwester hatte früher, vor dem besagten Umzug, die Zahlen 520 auf ihrem Autokennzeichen. Das passte insofern, als ihr Leben damals viel Bewegung bis hin zu einigem Auf und Ab beinhaltete (5), vor allem im Hinblick auf ihren Sohn und die intensive Beziehung der beiden (2); es wurde jedoch alles erfolgreich gemeistert und abgeschlossen (Quersumme 7); ab und an trat auch ein wenig der Glücksaspekt in Kraft und beschleunigte dieses Programm etwas.

Nach dem Umzug musste sie ihr Auto ummelden und bekam ein neues Kennzeichen, dieses enthält die Zahlen: 472. Sie hat ein kleines Haus für sich gefunden (4), es funktionierte finanziell gut und war ein Glücksgriff (7), dort kann sie in Zukunft (wenn sie es zulässt) eine positive Partnerschaft leben (2). Insgesamt ergibt die Quersumme die 13 – also wieder den Schutzengelaspekt, und auf längere Sicht hin wird sich vieles ordnen und strukturieren (Quersumme aus 13 = 4).

Bei meiner ältesten Schwester schaut es ganz anders aus. Seit Jahren fährt sie mit den Zahlen 147 auf ihrem Kennzeichen. Sie lebt in einer guten und positiven Partnerschaft, jedoch mit zwei Wohnbereichen, also fährt sie eigentlich meistens allein dieses Auto (1), hat ein eigenes gemütliches Heim, das geschützt und behaglich ist – dabei sehr ordentlich und rein gehalten (4). Sie hat immer genügend Geld zur Verfügung, auch Glück und Erfolg (7). Insgesamt ergibt die Quersumme hier die 12, was auch sehr gut passt, da sie ein sehr sozialer Mensch ist, gern mit Gruppen arbeitet und anderen hilft, wenn sie gebraucht wird. Mit der 12 kann sie aber auch immer wieder gut allein und mit dem Partner leben – eine stabile Partnerschaft mit Freiräumen, Vertrauen und Luft.

Wenn wir uns die drei Autokennzeichen aus den vorigen Beispielen noch einmal anschauen, fällt auf, dass bei uns drei Schwestern jeweils die 4 enthalten ist. Das ist natürlich auch kein Zufall, sondern es bestätigt, dass jede von uns derzeit in einer Lebensphase ist, in der neue Strukturen gesucht und gefunden und Eingrenzungen gelöst werden sollten. Jede macht das auf ihre ganz eigene persönliche Art und Weise im jeweiligen Umfeld – es gibt aber einige Parallelen.

Als letztes Beispiel ist hier noch interessant: Ein guter Freund von mir bestellte sich ein neues Auto und musste sechs Wochen auf dessen Lieferung warten. Inzwischen stellte ihm der Händler ein Leihauto zur Verfügung. Es hatte die Zahlenkombination 448 (Quersumme 16, daraus Quersumme 7), was schon bei einem kurzen Blick nicht gerade einfach anmutet. Und so war auch seine damalige Lebenssituation: Mit der persönlichen Zahl 8 musste er sich gerade mit einem karmischen Programm herumschlagen, das erfüllt werden sollte. Dabei hatte er eine Menge zu ordnen und neue Strukturen zu finden. Ein Lebensumbruch also, der schon länger weggeschoben wurde und nun nicht mehr vermeidbar war – er zwang ihn zum Umdenken. Mit der Doppelvier (44) waren Trennung und zwei Wohnsitze unvermeidbar, hier mussten Lösungen gefunden werden. Insgesamt mit der Quersumme 16 = 1 + 6 = 7 hatte er jedoch den Schutzengel- und Glücksaspekt über diesem Bereich und fand die optimale Lösung für sich und alle Beteiligten. Er konnte diese nicht einfache Aufgabe erfolgreich abschließen.

Sie sehen also, Autokennzeichen sind es durchaus wert, einmal genauer unter die Lupe genommen zu werden. Schauen Sie sich um und spielen Sie auch hier wieder: Ihrer Kombinationsgabe, der Botschaften Ihrer Engel und Ihrer Intuition sind keine Grenzen gesetzt.

Hier noch ein Vorschlag dazu: Wenn ich meine Autozahlen 643 und die meiner ältesten Schwester 147 zusammenzähle, so erhalte ich die Zahlen 790 – was auch wieder sehr passend ist für unsere Verbindung: Ich kann mit meiner Schwester vieles auflösen, was Familienthemen betrifft (9), wir spüren sehr viel voneinander, ohne es auszusprechen (9), gehen gern einkaufen und bummeln, auch ins Cafe und plaudern (7) und haben bis jetzt überwiegend einen liebevollen Zugang zueinander und eine starke Basis (Quersumme 16/7), eine glückliche Schwesterbeziehung ohne Ecken und Kanten (7).

Eine Spielerei? Aber sie passt, oder? Je mehr und öfter Sie üben, umso mehr werden Sie die Hintergründe und Energien der Zahlen erfassen und die Botschaften Ihrer Engel als Geschenk dazubekommen. Lassen Sie sich einfach darauf ein!

Engelbotschaften für die Zahlen
von 1 bis 144

Als wir mit der Arbeit an diesem kleinen Büchlein zu Ende gekommen waren, meldeten sich die Engel und gaben uns einen Hinweis: Denkt bitte auch an die Menschen, die einfach nur eine Zahl nachschlagen möchten, ohne Geburtstag, Monat und Jahr zu bedenken und ohne Quersummen zu bilden.

Wir haben dann nach innen und oben gefragt, für welche Zahlen sie – die Engel, Erzengel und aufgestiegenen Meister und Meisterinnen – uns Botschaften durchgeben wollten, sozusagen als Bonus oder als Engelgeschenk: für die unter uns, die eher lesefaul sind. Sie haben uns daraufhin für die Zahlen von 1 bis 144 kurze, einfache und zugleich doch tief gehende Worte übermittelt, die wir hier weitergeben dürfen. Es sind Engelaffirmationen, die sich mit diesen Zahlen verbinden. Sie können uns helfen, uns auf eine lichtvolle Schwingung einzustimmen. Zunächst finden Sie in der folgenden Übersicht die Affirmation, dann folgt meistens ein Hinweis, aus welcher lichtvollen geistigen Ebene, von welchem Engel, Erzengel oder auch aufgestiegenem Meister, uns die entsprechende Kraft zufließt.

Wenn Ihnen irgendwo Zahlen begegnen – wenn Sie eine Hausnummer sehen, eine Wartenummer ziehen, eine Zimmernummer im Hotel erhalten, eine Seitenzahl sehen und diese zwischen 1 und 144 liegt – dann können Sie schnell einmal hier nachschauen, was diese Zahl Ihnen aus der Sicht der Engel vielleicht sagen kann oder möchte.

Warum 144 und nicht 200 oder 999? Wir glauben, dass die Engel in der Zahl 144 Bezug nehmen auf die symbolischen 144 000 Seelen, die nach der Johannes-offenbarung gerettet werden sollen. Das ist, wie gesagt, eine rein symbolische Zahl, nicht eine Begrenzung auf nur sehr wenige Menschen.

144 ist 12 Mal die 12; die 3 der Heiligen Dreieinig-keit und die 4 der geformten Schöpfung ergeben die 12 der Jünger, Monate und Tierkreiszeichen. Diese mit 12 multipliziert führt zur 144 – aus unserer Sicht eine Zahl, die die Vielheit und Ganzheit der gesamten Schöpfung symbolisch zum Ausdruck bringt.* Aber vielleicht steckt noch viel mehr dahinter, was wir (bisher) noch nicht übersehen? Wer weiß. Die Engel haben oft alle mögli-chen Überraschungen in petto, und womöglich finden Sie auch eine ganz eigene Bedeutung, die für Sie stimmig ist. So oder so – es sind halt 144 Zahlendeutungen.

1 Ich bin ein unabhängiger, freier und selbstständiger Mensch. Meine Engel unterstützen mich dabei, in meine Kraft zu gelangen.

2 Ich nehme meine zwei Seiten und jedes Du liebevoll an. Jesus ist mir mit seiner Zuwendung zu den Menschen dabei ein liebevolles Vorbild.

---

* Mehr zu diesem Thema finden Sie im Anhang im Kapitel zu besonderen spirituellen Zahlen.

3 Ich liebe meine Familie und meine Freunde aus vollstem Herzen. Ich weiß mich darin getragen von der Liebe und Güte Marias.

4 Schritt für Schritt gehe ich meinen Lebensweg mit Struktur und Ordnung. Erzengel Uriel zeigt mir, wie ich das praktisch verwirklichen kann. Tun muss ich es selber.

5 Ich bleibe in Bewegung, bin aktiv und voller Ideen und Pläne. Erzengel Raguel, der »Freund Gottes«, gibt mir neuen Mut dazu.

6 Ich lebe die Liebe für mich und alle Lebewesen. Dabei weiß ich mich von der Liebe Gottes und seiner Engel umhüllt.

7 Glücklich und erfolgreich gehe ich weiter mit meinem Schutzengel an meiner Seite. Mein Ziel ist die Liebe Jesu und die Gelassenheit des Buddhas.

8 Ich lebe meinen Alltag ausgewogen und gerecht. Naturwesen und Devas in Luft und Wasser, in Erde, Feuer und Äther wirken als hilfreiche Lichtwesen mit.

9 Ich kann alles hinter mir lassen und abschließen, was zu Ende ist. Die Weisheit der aufgestiegenen Meister ist mir Vorbild und Leitschnur dabei.

10 Ich freue mich immer wieder auf neue Themen und Lebensmenschen. Erzengel Jophiel hilft mir, die Schönheit des Lebens zu sehen.

0955
19 (10)
1

11 Ich erkenne die Dualität und integriere sie optimal in mein Leben. Ich sehe wie Erzengel Sandalphon in allen Menschen meine Brüder und Schwestern.

12 Ich gehe auf jeden Menschen offen und ehrlich zu. Erzengel Michael hilft mir mit seiner Klarheit.

13 Gott ist mein Begleiter und immer neben und in mir. Erzengel und aufgestiegene Meister weisen auf Ihn hin.

14 Ich schaffe jeden Umbruch und bewältige jedes Chaos souverän. Erzengel Uriel und Erzengel Metatron führen mich.

15 Ich bleibe flexibel und beweglich und nehme mich so, wie ich bin. Ich darf auf die Fürbitte Marias hoffen.

16 Mein Schutzengel hält seine Hand über mich und hüllt mich in seine Liebe. Ich darf mich immer von allen meinen Engeln begleitet wissen.

17 Mit Optimismus und Leichtigkeit räume ich alle Steine aus dem Weg. Mit der Hilfe des Erzengels Zadkiel schließe ich Altes ab, um für Neues offen zu sein.

18 Alles, was sich an Herausforderungen stellt, habe ich mir selbst ausgesucht. Aber der Heilige Geist ist allezeit bei mir, um mich sicher zu führen.

19 Ich habe alle notwendigen Fähigkeiten und Energien in dieses Leben mitgenommen, die ich brauche. Vor allem aber bin ich – wie alle Menschen – ein Kind Gottes.

20 Ich liebe mich selbst und jedes Lebewesen, das mir begegnet. Erzengel Chamuel lässt mich die Farben der Liebe noch sensibler spüren.

21 Ich erfahre mich, mein Umfeld und die ganze Welt als Einheit. Die Natur mit ihren Feen, Elfen, Naturgeistern erinnert mich an diese Einheit von Geist und Stoff.

22 In jedem Bereich bekomme ich eine zweite Chance. Nichts ist endgültig. Gott nimmt mich auch dann an, wenn ich Umwege gehe.

23 Ich erweitere mein Bewusstsein jeden Tag. Meine Seele darf wachsen. Erzengel Jophiel zeigt mir das Potenzial und die Schönheit meiner Seele.

24 Die Liebe ist immer Basis und steht über jedem Lebensthema. Erzengel Chamuel und die aufgestiegenen Meister und Meisterinnen fördern mich in der Festigung meiner Liebe.

25 Ich bin es mir wert, Erfolg und Glück zuzulassen und anzunehmen. Erzengel Zachariel lässt mich Erfolg, Glück und Gewinn in allen Bereichen erkennen und annehmen.

26 Ich meistere souverän die Höhen und Tiefen meines Lebens. Erzengel Raphael heilt, was noch schmerzt.

27 Alles, was ich hinter mir lassen will, löst sich vollkommen auf. Erzengel Michael hilft mir, die Vergangenheit loszulassen.

28 Ich öffne eine neue Tür und mache einen großen Schritt vorwärts. Erzengel Gabriel weist auf eine neue Zukunft.

29 Mein Engel ist immer an meiner Seite. Ich spüre ihn. Es spielt keine Rolle, ob ich seinen bzw. ihren Namen kenne oder nicht – es geht nur um die Engelenergie.

30 Meine Seelenfamilie hilft mir sofort, wenn ich sie darum bitte. Alle Erzengel kümmern sich um mich und meine Lieben – und um alle Menschen, die dafür offen sind.

31 Ich kann alle Einschränkungen und Einengungen selbst auflösen. Erzengel Uriel hilft mir zu erkennen, was überholt ist.

32 Ich verwirkliche alle meine Wünsche und Träume nach und nach. Dabei lasse ich mir von den Lichtwesen der Natur, den Elementargeistern und guten Feen helfen.

33 Ich habe immer die Menschen um mich, die ich gerade brauche. Die aufgestiegenen Meister und Meisterinnen wie Saint-Germain, El Morya oder Lady Nada geben die notwendigen Impulse dazu.

34 Ich lebe in ausgewogenem Geben und Nehmen. Das macht mich glücklich. Ich finde in mir eine buddhagleiche Gelassenheit.

35 Ich öffne mich für Herausforderungen und Lernprogramme und nehme sie an. Mein Potenzial zur Meisterschaft erkenne und verwirkliche ich Schritt für Schritt.

36 Ich darf alle alten und toten Energien hinter mir lassen. Ich blicke nach vorn. Dabei lasse ich mich nur von positiven, ermächtigenden Prophezeiungen leiten.

37 Ich hüpfe voller Kraft und Zuversicht in einen starken Neubeginn. Alle Erzengel und guten Lichtwesen sind dabei an meiner Seite.

38 Das Leben ist ein Abenteuer. Ich schaue es mir an wie einen spannenden Film. Lebensberichte der aufgestiegenen Meister – wie von Saint-Germain – ermutigen mich auf meinem Weg.

39 Ich trenne mich von allem, was mir schadet und mich schwächt. Erzengel Michael hilft mir mit seiner Klarheit, die richtigen Unterscheidungen zu treffen.

40 Ich bringe Ordnung und Struktur in meinen Alltag. Ich spüre Geborgenheit. Die Erzengel Chamuel und Haniel leiten mich in eine Harmonie, die für mich stimmig ist.

41 Ich habe alles in mir, um meinen Lebensplan zu erfüllen. Ich kann die Erzengel Sandalphon und Metatron darum bitten, mir Hinweise darauf zu geben.

42 Ich gebe und bekomme eine Menge Licht und Liebe. Licht und Liebe kommen von Gott über den heiligen Geist direkt zu mir, oder durch die Engel und aufgestiegenen Meister und Meisterinnen.

43 Mein Schutzengel zeigt mir neue Wege und Möglichkeiten. Er ist von Gott direkt zu mir gesandt worden und hilft mit Gottes Liebe.

44 Ich nehme jeden Menschen so, wie er ist, und umarme ihn liebevoll. Jesus Christus ist mir dabei ein Vorbild und eine Stärke.

45 Ich befreie mich von Altlasten aus früheren Leben. Der Buddha erinnert mich daran, gelassen ganz im Hier und Jetzt zu sein.

46 Ein neuer Weg liegt vor mir, der darauf wartet, beschritten zu werden. Wohin ich mich wende – nach oben oder unten, links oder rechts, vorn oder hinten –, immer ist Gott schon da und immer wirkt auch der Heilige Geist.

47 Ich entwickle Meisterschaft für mein Leben, in allen seinen Bereichen. Alle aufgestiegenen Meister und Meisterinnen ermutigen mich dazu und unterstützen mich dabei.

48 Ich erkenne alle karmischen Begegnungen und Aufgaben. Mit dem Feuer Gottes, wie es Erzengel Uriel mit sich trägt, wende ich mich ihnen frohgemut zu.

49 Einschränkungen, Grenzen und Fesseln löse ich mit Leichtigkeit. Das Schwert des Erzengels Michael löst alles, was nicht in die göttliche Freiheit führt.

50 Ich bringe konstruktive Ordnung in ein jedes Chaos. Mit der Zukunftsgewissheit des Erzengels Gabriel verwirkliche ich den Plan Gottes, wie ich ihn erkenne.

51 Ich lebe die Liebe und bekomme sie vielfach zurück. Alle Engel und Erzengel sind immerfort bereit, mir dabei zu helfen – wenn ich sie in mein Leben lasse.

52 Ich erlaube und gönne mir glückliche Stunden voller Liebe. Die lichten Elementarwesen aus Luft und Himmel, aus Erde und Wasser und dem Gestein bereiten mir dazu eine schöne Umgebung.

53 Alles, was ich derzeit erlebe, ist mir bereits bekannt und vertraut. Gott kennt mich von Anbeginn der Schöpfung und möchte sich auch durch mich manifestieren.

54 Ich löse alles Belastende mit meinem alten Wissen auf. Der Heilige Geist zeigt mir neue, bessere Wege und die nächsten Schritte.

55 Immer wieder spüre ich neue Möglichkeiten in mir und rund um mich. Die aufgestiegenen Meister und Meisterinnen erinnern mich an die Vielfalt der Wege.

56 Ich renne nicht gegen Mauern, sondern lasse alles gelassen auf mich zukommen. Die Buddhakraft der Gelassenheit hilft mir, mich von Problemen zu lösen, die ich nicht lösen kann.

57 Ich umarme alle Widerstände und Mühseligkeiten. Sie lösen sich in dem Moment auf. In Zeiten der Niedergeschlagenheit bitte ich Mutter Maria um neue Kraft und Zuversicht.

58 Ich spüre meine Seele und die göttliche Energie in ihr. Alle Erzengel und aufgestiegenen Meister weisen mir den Weg zur Quelle: in mein höheres Selbst.

59 Ich werde ständig beweglicher, flexibler und handlungsfähiger. Erzengel Chamuel begleitet mich, und ich kann ihn immer um Hinweise bitten.

60 Alle meine Entscheidungen treffe ich mit Liebe und aus vollster Überzeugung. Erzengel Haniel vermittelt mir Ausgeglichenheit und die Kraft, zu mir zu stehen.

61 Ich bin ein glücklicher, wertvoller und erfolgreicher Mensch. Wie jeder andere Mensch auch. Aber verwirklichen muss und kann ich das nur bei mir selbst.

62 Was ich aussende, kehrt zu mir zurück. Ich lebe die Liebe. Wie Erzengel Jophiel lasse ich mich von der Schönheit der göttlichen Schöpfung erfüllen und tragen.

63 Alles, was negativ ist, hält mein Schutzengel von mir fern. Aus allem, was ich erfahre, soll ich etwas lernen. Auch dabei hilft mir mein Schutzengel.

64 Neue Wege und Chancen zeigen sich mir immer wieder. Alle geistigen Helfer und lichtvollen Wesen sind immerzu bereit, mir weiterzuhelfen.

65 Ich habe alle Möglichkeiten und auch die Energie, meinen Alltag optimal zu leben. Die Christuskraft ist allgegenwärtig und möchte mir helfen, wenn ich mich dafür öffne.

66 Ich bin ein verlässlicher und treuer Freund und helfe allen, die mich brauchen. Wie Jesus sich den Bedürftigen und Leidenden zugewandt hat, sehe auch ich, wer mich braucht.

57 Mein Schutzengel aktiviert alle Helfer aus dem geistigen Bereich. Dazu zählen auch die lichten Naturwesen aus Erde, Wasser, Baum, Stein, Blume und Luft.

58 Ich bin ein aktiver Mensch und bereichere mein Leben mit positiven Menschen und Handlungen. In allen sehe ich Widerspiegelungen der Erzengel.

59 Ich spüre Jesus an meiner Seite und lasse sein Licht und seine Liebe zu. Ich bitte Maria, mich die mütterliche göttliche Liebe spüren zu lassen.

70 Ich lebe meinen Selbstwert und bin mit mir glücklich und zufrieden. Die Meister der weißen Bruderschaft helfen meiner Seele, aufrecht und aufrichtig zu sein.

71 Alles, was ich lernen darf, hilft mir auf meinem weiteren Lebensweg. Wenn ich selbst nicht weiterweiß, kann ich jederzeit Maria um Hilfe bitten.

72 Mein Schutzengel hüllt mich in seine starke liebevolle Energie, die mich schützt. Erzengel Zachariel schenkt mir seine lichtvolle Zuversicht.

73 Alles, was ich mit Liebe mache, ist erfolgreich und ein Gewinn für mich und andere. Erzengel Jophiel gibt mir all seine lichtvolle Kraft, die ich dazu brauche.

74 Ich lasse Meinungen anderer zu und lebe auch mir gegenüber die Toleranz. Ich nehme mir an den aufgestiegenen Meistern und Meisterinnen ein Beispiel.

75 Ich übernehme die Verantwortung für alle Lebewesen, die ich begleite. Erzengel Raphael versichert mir, dass er mich dabei begleitet.

76 Meine Seele hat in diesem Leben eine Menge Chancen und Möglichkeiten. Erzengel Gabriel hilft mir, mich dafür zu öffnen.

77 Mit Gott, Jesus und dem Heiligen Geist an meiner Seite kann mir nichts passieren. Die Engel und Erzengel verbinden mich mit ihnen.

78 Mein Schutzengel ist die Verbindung zum Himmel. Er bringt mich Gott näher, weil er von Gott nur für mich gesandt wurde.

79 Alles, was mich unglücklich macht, lasse ich vollkommen hinter mir. Ich bin frei. Die aufgestiegenen Meister und Lichtwesen der geistigen Welt helfen mir.

80 Ich lebe gerecht für mich und andere. Ich werde mich, anderen Menschen und den Situationen meines Lebens gerecht. Alle meine Engel helfen mir dabei.

81 Ich spüre alle Gefühle und Gedanken und lebe die Herzenergie. Erzengel Haniel berührt mein Herz und lässt die Herzenergie fließen.

82 Mein altes Wissen ist jederzeit von mir abrufbar. Es erleichtert mir den nächsten Schritt. Die aufgestiegenen Meister der weißen Bruderschaft und Saint-Germain erinnern mich.

83 Alle Lebewesen, die mir begegnen, haben eine Aufgabe und eine Verbindung zu mir. Naturwesen, Elfen, Feen und gute Geister freuen sich mit mir.

84 Ich mache einen Schritt nach dem anderen. Geduld und Ausdauer sind der Lohn. Ich nehme mir ein Beispiel an der sprichwörtlichen Engelsgeduld.

85 Alles, was mich belastet, darf ich meinem Engel übergeben. Er hilft immer. Ich darf mir sogar aussuchen, welchen Erzengel ich bitten möchte.

86 Ich vertraue darauf, dass mich die Liebe Jesu immer umhüllt und schützt. Wenn ich mir nicht sicher bin, bitte ich Mutter Maria, mich das spüren zu lassen.

87 Meine Seele zeigt mir immer wieder eine Möglichkeit, mein Ego zu besiegen. Erzengel Zadkiel sendet mir seine Hilfe dabei.

88 Ich nehme alle Lebensaufgaben an und erkenne später ihren Hintergrund und Sinn. Erzengel Metatron öffnet meinen Blick dafür.

89 Ich habe mir für dieses Leben in erster Linie vorgenommen, glücklich zu sein. Auch Gott möchte das für mich und schickt seine Engel, um mir dabei zu helfen.

90 Meine Engel führen über meine innere Stimme Gespräche mit mir. Ich höre zu und spüre, was für mich jetzt stimmig ist und was ich davon umsetzen kann.

91 Mit Zuversicht und Vertrauen lasse ich alles Neue auf mich zukommen. Ich bin offen. Erzengel Gabriel weist mir neue Wege und Möglichkeiten.

92 Ich lebe eine wunderbare Partnerschaft mit mir selbst. Meine Eigenliebe darf wachsen. Erzengel Raguel zeigt mir, wie ich mir selbst gerecht werde.

93 Ich trage meinen Teil dazu bei, um alle alten Familienmuster aufzulösen. Die aufgestiegenen Meister Saint-Germain und Hilarion helfen, den Menschen und mir selbst zu vergeben.

94 Ich ordne meine Gefühle und Gedanken. Erst danach drücke oder spreche ich sie aus. Erzengel Haniel leitet mich in eine ruhige innere Klarheit.

95 Alles, was starr und eingefahren ist, löst sich mithilfe meiner Engel auf. Wie die Engel lasse ich mich vom göttlichen Licht leiten.

96 Die Liebe, die ich aussende, kommt hundertfach zu mir zurück. Denn die Christuskraft fließt stets aus Jesu Herz zu mir.

97 Leben ist lernen. Ich mache Pausen, in denen ich lache, tanze und singe. Elfen, Gnomen und anderen Naturwesen, die das Leben zu feiern wissen, sind mir ein Beispiel.

98 Alles, was für mich wichtig ist, kommt genau zum richtigen Zeitpunkt auf mich zu. Denn der Heilige Geist wirkt überall und voller Weisheit.

99 Es gibt immer eine Menge Möglichkeiten, um meinen Lebensplan zu erfüllen. Meine Engel helfen mir dabei – wenn ich sie darum bitte.

100 Die Vollkommenheit Gottes spiegelt sich in meiner Seele wider. Ich bin auf dem Weg zum Licht. Denn Gott selbst zieht mich an.

101 Ich übernehme für mich die Verantwortung und überlasse jedem Mitmenschen seine eigene Entscheidungsfreiheit. Ich bin gelöst und gelassen wie der Buddha.

102 Ich habe mir vorgenommen, mein bisheriges Wissen an andere weiterzugeben. Die aufgestiegenen Meister wie Saint-Germain, Lao-Tse und Djwal Khul sind mir Vorbilder.

103 Ich pflege und hüte meine Seele und mein Heim mit Hingabe. Dazu lade ich bewusst die Engel und Erzengel zu mir ein.

104 Ich darf meine Fehler machen. Ich liebe mich so, wie ich bin, und verzeihe mir. Denn ich weiß, dass auch Gott dem »verlorenen Sohn«/der Tochter verzeiht.

105 Ich nehme die Welt mit all ihren Schönheiten bewusst wahr. Erzengel Jophiel sendet mir ein mystisch schillerndes vielfarbiges Licht.

106 Ich bemühe mich, jeden Tag mit Liebe zu füllen. Ich sammle Positives. Erzengel Chamuel, »der Gott sucht«, hilft mir, das Richtige zu sammeln.

107 Alles, was ich ändern will, kann nur bei mir selbst beginnen. Auf der Körperebene mithilfe der Naturwesen, auf der Seelenebene mithilfe der Engel.

108 Ich achte mich und jedes andere Lebewesen aus Gottes Schöpfung. Und es gibt letztlich nichts, was nicht aus der Einen Quelle stammt.

109 Ich komme immer wieder innerlich zur Ruhe. Erst dann finde ich mich. Im Herzen Marias fühle ich mich geborgen.

110 Ich fühle mit allen Lebewesen und erhalte intuitive Botschaften. Im Herzen des Buddhas empfinde ich universelles Mitgefühl.

111 Ich finde meine Möglichkeiten, um erfüllt und glücklich zu leben. Ich nehme meine Unvollkommenheit an, wie die wahren Meister, um vollkommen zu sein.

112 Ich lebe mit mir eine liebevolle Partnerschaft, indem ich alle Seiten von mir erkenne. Die Erzengel zeigen mir zwölf wichtige Aspekte meines göttlichen Selbst.

113 Ich erfasse die übergeordneten Themen meiner Ahnen und meiner Seelenfamilie. Die Fürsorge von Mutter Erde leitet mich dabei, die Bedürfnisse anderer zu erkennen.

114 Ich befinde mich immer genau dort, wo ich meinen Lebensplan erfüllen kann. Meine Engel und der Heilige Geist, der durch mich wirkt, zeigen mir, wie ich das kann.

15 Mein Schutzengel begleitet meine Seele im Schlaf auf ihren Reisen. Erzengel Zachariel ist mit dabei und führt mich zu bedeutungsvollen Träumen.

16 Ich habe mir vorgenommen, in diesem Leben Körper, Geist und Seele zu verbinden. Alle aufgestiegenen Meister und Meisterinnen sind mir dabei Vorbild und Hilfe.

17 Die Dreieinigkeit Gottes ist in mir und führt mich durch alle Prüfungen. Ich erlebe mich als Kind Gottes und Bruder bzw. Schwester Jesu.

18 Ich vermeide jegliches Klammern, um immer wieder Neues erleben zu dürfen. Erzengel Uriel mit seinem himmlischen Feuer löst, was ich selbst nicht lösen kann.

19 Ich bin nie allein. Alle Helfer aus dem geistigen Bereich sind neben mir. Dazu zählen auch Elfen und Feen, Wichtel und andere Lichtwesen.

20 Ich bin Teil Gottes, des Universums, der Erde und meiner Familie. Alles ist eins: Himmel und Erde, Sonne und Mond, alle Lebewesen, Tiere und Pflanzen – wie es der heilige Franziskus erlebt hat.

21 Ich lasse mich nicht hetzen oder antreiben. Jesus hilft mir dabei, Ruhe zu bewahren. Ich bitte ihn um Zuversicht, Gelassenheit und Stärke.

22 Alle meine Partnerschaften sind Lernprogramme. Ich entwickle mich dadurch weiter. Heiligen aus allen Zeiten und Religionen können dabei meine Vorbilder sein.

123 Ich vermeide Übertreibungen und lebe meinen Alltag ausgewogen und harmonisch. Ich gehe auf dem mittleren Weg, wie der Buddha ihn beschrieb.

124 Ich aktiviere immer wieder mein Urvertrauen. Es ist als großes Potenzial in mir. Ich er-innere mich daran, dass ich ein Königskind bin.

125 Mutig nehme ich alle Herausforderungen an, die auf meinem Weg warten. Erzengel Michael und alle anderen Erzengel stehen mir bei.

126 Intuition und Sensibilität begleiten mich und machen mir mein Programm leichter. Ich weiß die Hilfe der aufgestiegenen Meister bei mir.

127 Wenn ich auf die Stimme meines Engels höre, öffnen sich neue Türen. Ich schließe einige Momente meine Augen und spüre still in mich hinein.

128 Ich lebe mit der Natur und all ihren Lebewesen im Einklang. Für die Präsenz der Naturwesen der Elemente Erde, Wasser, Feuer und Luft entwickle ich mehr Wertschätzung.

129 Wenn ich die Augen schließe, spüre ich meine Familie im geistigen Bereich. Ich spüre, wie meine lichten Ahnen mich mit ihrer Seelenschau freundschaftlich begleiten.

130 Bei schwierigen Lebensthemen darf mein Schutzengel Verstärkung holen. Alle Erzengel sind dazu jederzeit bereit.

31 Ich bekomme immer wieder Hilfe, wenn ich mich dafür öffne und sie zulasse. Am raschesten geht das, wenn ich Jesus oder Maria um Hilfe bitte.

32 In diesem Leben bemühe ich mich, Jesus einen Schritt näherzukommen. Ich öffne mich für die Christuskraft in meinem eigenen Herzen.

33 Immer mehr erkenne ich den Sinn hinter meinen Lernprogrammen und meinen manchmal verschlungen anmutenden Lebenswegen. Der Heilige Geist öffnet meine Seelenschau dafür.

34 Ich achte und ehre meine Familie im geistigen und weltlichen Bereich. Die Lichtmeister und -meisterinnen zeigen mir, wie alle Menschen eine Familie sind.

35 Schritt für Schritt lerne ich, meine Herz- und Seelenenergie zu entfalten. Gaia, die Erdmutter, und Maria-Sophia, die Seelenmutter, tragen mich.

36 Ich öffne mich für positive Menschen und Lebensbereiche. Das Leben ist eine Reise. Ich denke an Erzengel Raphael und seine Reise als Begleiter des Tobit.

37 Mein Schutzengel bringt mir die Liebe Gottes auf seinen Flügeln mit. Erzengel Zachariel hilft mir, diese Liebe in den Alltag zu integrieren.

38 Ich habe mir vorgenommen, in einem Bereich die Vollkommenheit zu erlangen. Dabei helfen mir die aufgestiegenen Meister, besonders Lao-Tse und Mira Bai.

139 Alles, was ich brauche, ist in mir. Ich schließe die Augen und aktiviere mein Potenzial. Dabei weiß ich mich von allen lichtvollen Naturwesen gestärkt.

140 Ich strebe Wahrhaftigkeit an – in jeder Beziehung, bei mir und auch anderen. Erzengel Michael hilft mir, Wahrheit zu erkennen.

141 Das Puzzle meines Lebens setzt sich Teil für Teil zusammen. Jesus hilft mir dabei. Die Christuskraft beschenkt alle Menschen, ob sie Christen sind und zur Kirche gehen oder nicht.

142 Ich verwandle Einsamkeit mithilfe meiner Seelenenergie zu All-Eins-Sein. Ich fühle mich wohl mit mir und dabei all-eins. Alle Erzengel sind um mich herum, tagsüber und in der Nacht.

143 Ich bin ein Teil der Schöpfung und trage den göttlichen Funken in mir. Die Klarheit und Kraft des Heiligen Geistes trägt und führt mich immer.

144 Alles, was ich mir von Herzen wünsche und was auf meinem Weg liegt, wird sich erfüllen. Die Liebe und Barmherzigkeit Gottes ist unerschöpflich und fließt auch mir zu.

∽·∽

Nun wünschen wir Ihnen zum guten Schluss dieses Büchleins Gottes reichen Segen, die Hilfe aller Erzengel und Engel – und Ihren eigenen Segen dazu!

Anhang

Spirituell besondere Zahlen

Ein kleiner Exkurs in die Geschichte der Zahlensymbolik und Zahlendeutung in den Zeiten, Kulturen und Religionen – hier geht es nicht unbedingt nur um Engelzahlen. Aber es dürfte doch sehr interessant sein, welche Zahlen im weiteren Umkreis als spirituell bedeutsam gelten können.

Zahlen haben in Dichtung und Volksmund immer eine Rolle gespielt. In Märchen gibt es meist 1 weisen König, 1 gute Fee, 1 Helden, 1 Heldin. Sobald es um 2 Personen geht, spielen Polarität, Dualität und die Auseinandersetzung zwischen Gut und Böse eine Rolle: 2 Schwestern, von denen eine gut, die andere böse ist; 2 Mütter, von denen die leibliche gut und die Stiefmutter böse ist. »Aller guten Dinge sind 3«, weiß der Volksmund. Das tapfere Schneiderlein erledigt »7 auf einen Streich«, der gestiefelte Kater marschiert mit 7-Meilen-Stiefeln, Schneewittchen begegnet 7 Zwergen.

Beim Kegeln geht es um »alle 9e« (bevor das amerikanische Bowling 10 Kegel aufstellte). 11 Spieler oder Spielerinnen bilden eine Fußballmannschaft; der Karneval beginnt am 11.11. um 11 Uhr 11. Es ist »5 vor 12«, wenn Dinge brenzlig werden, und wenn der Geduldsfaden gerissen oder das Fass übergelaufen ist, dann hat es »aber 13 geschlagen«.

Dem griechischen Philosophen, Mathematiker und Mystiker Pythagoras schreibt man folgende symbolische Deutungen von Zahlen zu, die wir in einer modernen Sprache formulieren. Diese Zuordnungen gehen aber wohl auch auf babylonische und andere antike Vorbilder zurück:

1 Gott als Einheit; Sonne, Mann; Ursprung der Zahlen

2 Gott als Manifestation aufgrund der Teilung des Einen in zwei, wie bei Himmel und Erde, und dann viele; Mond, Frau; Entwicklung von Zahlen

3 Integration von Polaritäten, Versöhnung von Gegensätzen; Zeus- bzw. Jupiter-Energie

4 Stofflichkeit, Materie, Formgebung, Uranus-Energie

5 Sinnesempfinden, Sinnlichkeit, Männlichkeit, Libido; Hermes- bzw. Merkur-Energie

6 Liebesverbindung, Ehe, Harmonie; Aphrodite- bzw. Venus-Energie

7 Zyklus von Werden und Vergehen, Geburt und Tod, Magie; Poseidon- bzw. Neptun-Energie

8 Sichtbare Welt; den Dingen, den Menschen und dem Leben gerecht werden; Kronos- bzw. Saturn-Energie

9 Bewusstheit, Geisteswille; Ares- bzw. Mars-Energie

10 Tief greifende Transformation, Durchbruch zur Vollkommenheit; Hades- bzw. Pluto-Energie

Wer sich mit der Astrologie etwas auskennt, bemerkt rasch, dass den Zahlen hier auch Planetenprinzipien zugeordnet sind. Die Zuordnung ließe sich bekanntlich auch zwischen Chakras und Zahlen durchführen.

Der chinesische Kulturkreis

Sicher den meisten von Ihnen ist das I Ging oder I Ching bekannt, das altchinesische Weisheitsorakel mit Deutungen zu 64 Hexagrammen. Diese Hexagramme, also Sechser-Gruppen, bestehen aus je zwei Trigrammen, also Dreier-Gruppen. Diese wiederum werden von zwei Arten von Linien gebildet, einem durchgezogenen Strich – und einem geteilten Strich – –. 1, 2, 3 und 6 spielen also ganz offensichtlich eine wichtige Rolle in der chinesischen Zahlensymbolik. Nun gibt es ausgehend von den Linien in einer Trigramm-Gruppe 8 Kombinationsmöglichkeiten:

1 Ch'ien
Das Schöpferische Prinzip

2 Tui
Die Freude

3 Li
Die Flammende Schönheit

4 Chên
Der Donner

5 Sun
Die bereitwillige Unterordnung

6 K'an
Der Abgrund

7 Kên
Das Stillehalten,
die Beruhigung

8 K'un
Das Empfangende Prinzip

Insofern ist auch die 8 bedeutsam, was sich zudem in der Zahl von insgesamt 64 Hexagrammen (8 Mal 8) im I Ging niederschlägt. Nebenbei gesagt kennen wir vom chinesischen Horoskop her auch 12 Tierkreiszeichen. Letztlich ist die Arbeit mit einem durchgezogenen und einem geteilten Strich nichts anderes als eine Form des Binärzahlensystems, wie es auch unsere heutigen Computer nutzen. 1 oder 0, Strom fließt oder fließt nicht.

Die spirituell interessanten Zahlen in einem Überblick

0 ist das Symbol für die Leere, das schöpferische Chaos, aus dem alle Ordnung entspringt. Schreiben Sie so viele Nullen hintereinander, wie Sie mögen – eine ganze Seite voll – und doch gelten diese Nullen als nichts, bis sie eine x-beliebige Zahl davorsetzen. Dann erst gewinnen die Nullen eine Bedeutung, oft eine enorme Bedeutung, wenn wir an Lottomillionen oder unsere Staatsschulden denken.

»Das Tao, das man nennen kann, ist nicht das wahre Tao.« Diese Einsicht des alten chinesischen Meisters Lao Tse ist auch heute noch gültig.

Gibt es einen Engel der Zahl Null? Nein, nicht soweit wir es wissen. Es gibt zwar einen Engel Zeroel, der hat aber nichts mit der Zero = Null zu tun, sondern ist mit dem Engel Zeruch identisch, dem »Arm Gottes«.

1 einen einzigen Gott gibt es, so die monotheistischen Religionen. Sie bekennen sich zu einem Gott (wobei der Islam dem Christentum vorhält, er verehre letztlich doch 3 Götter und nicht einen, nämlich Gott-Vater, Gott-Sohn und den Heiligen Geist). »Es gibt keinen Gott außer Gott« lautet das grundlegende Glaubensbekenntnis im Islam.

Auch das Tao ist ein Symbol für die Einheit, die sich in der Zahl 1 ausdrücken lässt.

2 körperliche Augen sehen die körperliche Welt, das eine spirituelle Auge oder Einzelauge sieht Gott: »Wenn dein Auge einfältig ist, wird dein ganzer Leib licht sein«, heißt es im Neuen Testament. Aus der Einheit und dem geistigen Ursprung der 1 ergibt sich die Zweiheit und die körperliche Form der 2.

2 ist die Zahl für Yin und Yang. Die Dualität von Licht und Dunkel, von Mann und Frau, von Geist und Form, von aktiv und passiv, von positiv und negativ, findet ihren symbolischen Ausdruck in der Zahl 2.

Die 2 steht für die Trennung von der Einheit, für die Wahrnehmung von Ich und Du. Es ist die Aufspaltung bzw. Gegenüberstellung von Adam und Eva, Sonne und Mond, Himmel und Erde, Materie und Geist. Wo immer im Leben Polarität existiert – sei es beim elektrischen Wechselstrom oder in der Auseinandersetzung zwischen Menschen, Firmen, Völkern oder Religionen – spiegelt die Zahl 2 das Wesen dieser Polarität: Begegnung und Auseinandersetzung, Anziehung und Abstoßung, Zug und Druck, eben die Balance zwischen Kräften.

3 Mal werden die Helden und Heldinnen in Märchen und Mythen oft geprüft und müssen sich 3-mal bewähren, bevor sie ihr Ziel erreichen. Jesus von Nazareth wurde 3-mal vom Satan (Luzifer, Teufel, Ego) versucht: Er sollte Steine in Brot verwandeln, vom Tempel von Jerusalem herunterspringen, um sich von Gott auffangen zu lassen, und schließlich bot ihm Luzifer die Herrschaft über die gesamte Welt an, wenn er, Jesus, sich vor ihm, Luzifer, verneigen würde.

Die Heilige Dreieinigkeit der Christen findet eine Entsprechung im Hinduismus, in dem 3 Gottesaspekte – nämlich Brahma, der Schöpfer, Vishnu, der Erhalter, und Shiva, der Erlöser – die Dreikraft von *Trimurti* bilden, der 3 Götterkräfte, die in der Ebene von *Trikuti* residieren.

3 Welten, von denen manche mystischen Wege sprechen – die irdische, die astrale und die kausale Welt – unterstehen der Herrschaft des Fürsten der Welt, des Luzifer. Erst, wenn man von diesen 3 Welten loslässt, kann die Seele Befreiung erlangen. Dazu muss sich die Seele von 3 Arten von Karma befreien, von *Sanchit-, Pralabd-* und *Kriyaman-Karma*. Das sind altes Karma früherer Leben, Karma in diesem Leben und neues Karma, das wir in diesem Leben aus freiem Willen neu schaffen.

4 Evangelien bilden das Fundament des Neuen Testaments, 4 Apostel nehmen dadurch eine herausragende Stellung ein: Matthäus, Markus, Lukas und Johannes.

4 Enden weist das Kreuz auf, das Jesus von Nazareth und symbolisch alle Menschen tragen. In diesem Kreuz verdichten sich Leiden im Leben und Überwindung von Leiden durch ewiges Leben.

4 edle Wahrheiten hat der Buddha vor mehr als 2500 Jahren verkündet: die Wahrheit, dass alles Leben letztlich Leiden ist, die Wahrheit, dass dieses Leiden durch die Verhaftung an die körperliche Existenz und den Wunsch nach körperlichen Erfahrungen entsteht, die Wahrheit, dass dieses Leiden – obwohl ohne Anfang – doch enden kann und schließlich die Wahrheit, dass der achtfache Pfad der Weg zur Beendigung des Leidens sei.

4 Weltzeitalter soll es geben, das Goldene Zeitalter, *Satya Yuga,* das Silberne (oder dreifach glückliche) Zeitalter, *Treta Yuga,* das Bronzene (oder zweifach glückliche) Zeitalter, *Dvapara Yuga,* und schließlich das Eiserne Zeitalter, *Kali Yuga,* in dem wir jetzt gerade leben, das bald wiederum von einem neuen Goldenen Zeitalter abgelöst werden soll – ab 2012? Unsere Zeit ist die notvollste, aber auch die gnadenreichste Zeit, weil aufrichtige Seelen, wenn sie aus tiefem Herzen nach der Wahrheit suchen, in kürzerer Zeit als in den anderen Zeitaltern zu Gott finden können.

Aus 4 Elementen ist das irdische Leben zusammengesetzt – aus Wasser, Erde, Feuer und Luft. Erst das 5. Element, Äther = Bewusstsein, bildet den geistigen Gegenpol zur Erdgebundenheit und stellt zugleich die Brücke dar, um die Vierheit zu überwinden und zum Ursprung der menschlichen Seele in die spirituellen Sphären zurückzugelangen.

5 Mal am Tag beten die Muslime, das Gebet ist eines der 5 Säulen des Islam. Die anderen 4 Säulen sind das Glaubensbekenntnis zu Allah als dem einzigen Gott, das Teilen der eigenen Habe mit Bedürftigen, die jährliche Fastenzeit des Ramadan sowie die Pilgerreise, die Haj, nach Mekka, zumindest einmal im Leben.

5 irdische Sinne hat der Mensch – das Sehen, Hören, Riechen, Schmecken und Tasten. 5 Elemente machen den Menschen aus, neben Wasser, Erde, Feuer und Luft das Element Äther, das sein Bewusstsein symbolisiert, das er aus freien Stücken den Welterscheinungen oder dem Ursprung der Welt zuwenden kann.

Die 5 Elemente der Chinesen haben damit übrigens nichts zu tun, sie stellen eine andere, völlig unabhängige 5er-Aufteilung dar: Holz (Bewegung, Wind), Feuer (Raum, Hitze), Erde (Umstände, Feuchtigkeit), Metall (Form, Trockenheit) und Wasser (Zeit, Kälte).

Numerologisch ist die 5 bedeutsam, weil sie genau in der Mitte der Grundzahlen von 1 bis 9 steht. Sie symbolisiert deshalb auch die Freiheit des menschlichen Willens. Ein Pentagon, ein Fünfeck, dessen 5. Zacke genau nach oben weist, gilt als Symbol des zu Gott strebenden Menschen; wenn diese Zacke genau nach unten gerichtet ist und demzufolge 2 Zacken nach oben zeigen, sehen wir das Symbol des »gehörnten Teufels« vor uns, dessen Trachten auf die Materie gerichtet ist.

6 Tage brauchte Gott der Bibel zufolge, um seine Schöpfung zu vollbringen. Damit ist die Zahl 6 von alters her Symbol der Vollkommenheit der irdischen Schöpfung. Jesus von Nazareth soll in der 6. Stunde des 6. Tages gekreuzigt worden sein. Der jüdische Davidsstern hat

6 Ecken und symbolisiert damit die Harmonie des Menschen, der physisch auf der Erde lebt und gleichzeitig geistig in Gott.

Man spricht vom 6. Sinn, der eben über die irdischen Fähigkeiten hinausgeht.

Im klassischen indischen Yoga sind 6 hauptsächliche Chakras oder feinstoffliche Energiezentren bekannt, nämlich das Wurzelchakra, das Sakralchakra, das Nabelchakra, das Herzchakra, das Kehlkopfchakra sowie das Augenchakra. Das 7. Chakra, der »tausendblättrige Lotos« am Scheitelzentrum, ist zwar ein Ort, an dem man Licht erleben kann, aber nach der Auffassung mancher Lehren kein Funktionschakra, sondern ein reines Erlebnischakra. Das dort erfahrbare Licht ist vielmehr die Widerspiegelung von Licht aus der Astralebene.

7 Himmel soll es nach manchen religiösen Traditionen geben. Wir sprechen im Volksmund deshalb davon, dass jemand glücklich sei wie im 7. Himmel.

Am 7. Tage ruhte Gott, nachdem er sah, dass seine Schöpfung, die er an 6 Tagen vollbrachte, wohlgetan war.

Unter nordamerikanischen Indianern sind 7 Riten bekannt, die ein Mensch durchläuft (dazu gehören unter anderem der Vision Quest, also die Suche nach einem Omen und einer Lebensführung und Lebensaufgabe, der Sonnentanz und die Schwitzhütte).

Das Christentum kennt 7 Todsünden und 7 Kardinaltugenden. Plato nennt übrigens 4 Kardinaltugenden, nämlich Weisheit, Gerechtigkeit, Maß und Mut. Die christliche Theologie fügte Glauben, Hoffnung und Liebe (auch im Sinne von Mildtätigkeit) hinzu.

7 Weltwunder nannte die Antike; mit 7 Gestirnen (Sonne, Mond, Merkur, Venus, Mars, Jupiter und Saturn) rechneten Astrologen lange Zeit, bevor 3 weitere hinzukamen.

8 war im alten Babylon die Zahl der Gottheit, weil die 8 die Venus und die durch sie symbolisierte Göttin Ishtar darstellte.

Nach frühchristlicher Auffassung erfolgt die Auferstehung Christi am 8. Schöpfungstag.

In der islamischen Kalligraphie und Architektur weisen 8-eckige Formen auf das Paradies hin.

Die liegende 8 bildet eine Lemniskate, die in sich verschlungene Form der ewig fließenden Energien.

Der 8-fache Pfad des Buddha kennt die rechte Selbsterkenntnis (der 4 edlen Wahrheiten, siehe unter 4), das rechte Streben (der Welt zu entsagen, allen Geschöpfen gegenüber wohltätig zu sein und kein Geschöpf zu verletzen), rechtes Sprechen (manche Lehrer und Lehrerinnen schlagen vor, nur das zu sprechen, was wahr, notwendig und liebevoll ist), rechtes Verhalten, rechten Erwerb des Lebensunterhalts, rechtes Bemühen (um ethische Vervollkommnung), rechte Bewusstheit und rechte Meditation.

Im Yoga gibt es die 8 Glieder der Übung: Yama (ethisches Leben), Niyama (rechtes Streben), Asanas (Körperhaltungen), Pranayama (Atemkontrolle), Pratyahara (Innenkehr der Sinne), Dharana (Sammlung, Konzentration), Dhyana (Meditation) und der sich daraus schließlich ergebende Samadhi (Erleuchtung).

Zudem sind 8 übersinnliche Yoga-Kräfte bekannt: sich winzig kleinmachen zu können oder riesig groß, in der Luft zu schweben, entfernteste Objekte berühren zu können, mit Willenskraft auch dichteste Materie zu durchdringen, die Elemente zu beherrschen, das Universum zu beherrschen und sich alle Wünsche erfüllen zu können.

Im I Ging gibt es 8 Kern-Trigramme: Himmel, Erde, Wind (oder Holz), Wasser, Feuer, Donner, Berg und See.

9 Die 9 ist die unendliche Energie der 8 und der göttliche Wille der 1, also die Vervollkommnung oder himmlische Vollkommenheit.

Die türkisch-persische Mystik spricht von 9 Sphären, und auch im christlichen Mittelalter gab es Darstellungen, wie ein Menschlein auf der Erde seinen Kopf hinausstreckt und über sich 9 Sphären sieht: zunächst einmal die 7 Planetensphären, dann die Fixsternsphäre darüber und schließlich die Himmelssphäre dahinter bzw. darüber.

Im alten China wurden die Pagoden als 9-stöckige Gebäude errichtet, wohl ebenfalls als äußeres Abbild 9 kosmischer Sphären. Peking wurde vor langer Zeit als Stadt mit einem Zentrum und 8 Zufahrtsstraßen gebaut, symbolisierte also erneut die 9.

Im indianischen Zentralamerika galt die 9 als Zahl der Unterwelt, der Erde und des mondbestimmten weiblichen Zyklus.

10 10 biblische Namen Gottes finden wir im Alten Testament und in 10 Formen tritt die Gottheit im hinduistischen Tantrismus auf. 10 Avatare oder Inkarnationen Vishnus kennen seine Anhänger, wozu Rama, Krishna und Buddha gehören.

10 Jahre lang wurde Troja belagert und 10 Jahre lang war der Held Odysseus auf seiner Irrfahrt zurück in seine Heimat unterwegs.

Die 10 Gebote des Christentums sind die vielleicht am weitesten verbreitete Zuordnung einer Zahl zu einem Sinn. Die jüdische Mystik, die Kabbala, spricht von 10 Sefiroth, von 10 Prinzipien oder Lichtern, welche den »Baum des Lebens« bilden.

10 Tore hat der Körper – 9 führen die Aufmerksamkeit nach außen in die Welt von Raum, Zeit und Vergänglichkeit, eines führt nach innen zur Quelle von Sein, Frieden, Liebe und Licht. Die 9 Tore zur Außenwelt sind die beiden Augen, die beiden Ohren, die beiden Nasenlöcher, der Mund, das Geschlechts- und das Ausscheidungsorgan. Das 10. Tor – das in Indien auch *Daswan Dwar,* eben »10. Tor« heißt – ist das Einzelauge, das auch Drittes Auge oder Einauge genannt wird oder Sitz der Seele. Es befindet sich hinter und zwischen den Augenbrauen.

Die 10 ist die höhere 1, sie symbolisiert den Durchbruch in eine neue Dimension.

11 betrachtete das theologische Mittelalter als eine »schlechte Zahl« – zwischen der 10 der 10 Gebote Jahwes und der 12 der 12 Apostel Jesu schien sie keinerlei göttlichen Bezug zu offenbaren.

Im Rund der Tierkreiszeichen ist das 11. das Zeichen Wassermann, das für Reform und Revolution, für Neuerung steht.

Die 11 und ein Mehrfaches davon – also 22, 33 und so fort – gilt in der modernen Numerologie jedoch als Meisterzahl. Es ist die erste zweistellige Primzahl, die aus der Addition der Schöpfungs- und Willenszahl 1 mit der Durchbruchszahl 10 entsteht bzw. aus der Addition der aufbauenden 3 mit der unendlichen 8 oder der menschlich-freien 5 mit der innerlich-harmonischen 6.

Die 11 ergibt sich aber auch als Summe, wenn wir die festigende, gespannte 4 mit der schicksalhaften 7 addieren oder die polare, ebenfalls gespannte 2 mit der Abschluss verheißenden 9. Das könnte numerologisch sozusagen die problematische Kehrseite der 11 symbolisieren.

12   12 Apostel, 12 Tierkreiszeichen, 12 Monate des Jahres, 12 Stämme Israels – die Zahl 12 taucht in Mythologie und Alltagsleben häufig auf. Unter den 12 Aposteln war ein »Verräter«, Judas, waren es eigentlich also nur 11 »echte« Apostel? Nach Judas' Tod wurde Matthias die Stellung des 12. Apostels zugewiesen – war das jedoch nur eine Notmaßnahme?

Johannes beschreibt in seiner Offenbarung, dass das »neue Jerusalem« eine Stadt mit 12 Toren sei, die von 12 Stämmen bewohnt werde.

Die 12 steht in beinahe jede Kultur für Vollkommenheit und Vervollkommnung, mehr noch als die 9. Fische, das 12. Tierkreiszeichen, gilt als das Symbol Jesu Christi und des Zeitalters, das er eingeleitet hatte, während wir uns nun im 11. Zeichen Wassermann befinden.

Unsere Zeit messen wir meist nach dem 12-Stunden-Rhythmus, das englische Pfund besteht aus 12 Unzen – selbst Maße und Gewichte bestimmen wir teilweise auch heute noch nach einem Zahlensystem, in dem die 12 eine Rolle spielt.

13   13 saßen beim letzten Abendmahl. Denn wenn man Jesus mitzählt, waren ursprünglich 13 Menschen an diesem schicksalträchtigen Abend beisammen. Das erinnert uns daran, dass die 13 zumindest seither ein Unglücksomen ist – Jesus soll bereits damals gesagt haben, dass ein Verräter unter den 12 Aposteln war. Maimonides, der »zweite Moses«, ein jüdischer Religionslehrer des 12. Jahrhunderts, formulierte 13 Glaubenssätze:

1. Anerkennung der Existenz Gottes.

2. Einzigartigkeit Gottes, die nichts anderem gleicht (worin der mosaische Glauben mit dem Islam auch übereinstimmt).

3. Gott hat kein materielles Wesen und deshalb müssen alle Bibelverweise auf Gott (beispielsweise auf die Hände Gottes) als rein symbolisch und metaphorisch verstanden werden.

4. Gott ist ewig.

5. Nur Gott ist es wert und verdient, angebetet zu werden.

6. Die Worte der Propheten sind Botschaften Gottes.

7. Moses war der bedeutendste aller Propheten und nur er erhielt Gottes Wort bei vollem Bewusstsein (dies sagen andere Religionen von ihren Propheten bekanntlich auch).

8. Moses erhielt die gesamte Tora direkt von Gott.

9. Der Tora darf nichts hinzugefügt, es darf auch nichts weggelassen werden.

10. Gott nimmt alles menschliche Verhalten wahr.

11. Nach dem Tode richtet Gott.

12. Gott wird den Messias, den Gesalbten und Erlöser, senden.

13. Wenn der Messias kommt, werden die Toten in körperlicher Form auferstehen.

14 14 Kreuzstationen zeigen den Leidensweg Jesu Christi. 14 Nothelfer und Schutzpatrone kennt vor allem der katholische Süden in Bayern und Österreich. 3 Mal 14

Generationen nennt der »Stammbaum« Jesu, der in zwei Evangelien zu finden ist – jeweils 14 von Abraham bis David, 14 Generationen von David bis zur babylonischen Gefangenschaft und erneut 14 von da an bis zu Jesus.

Im Jainismus, einer alten indischen Religion, die sich aus dem Hinduismus entwickelt hat, kennt man 14 spirituelle Ebenen der Seele. Das führt von anfänglichen Illusionen über Stadien der Bewusstwerdung und Selbstdisziplin bis hin zu den höchsten Stufen von Weisheit und Allwissenheit.

18 18 Segnungen kennt das Judentum. Sie sind Erklärungen des Lobes und der Dankbarkeit der Menschen gegenüber Gott, dessen Größe, Heiligkeit, Liebe, Heilkraft und Erlösungsgeist erkannt und gepriesen werden.

32 32 mehr oder weniger geheime Pfade zum Verständnis der Kabbala soll es geben. Die Zahl 32 taucht auch in den klassischen Überlieferungen auf, woran ein wahrer Buddha zu erkennen sei. Da werden eine goldene Hautfarbe, ein voller Körper und vieles mehr genannt.

33 33 Wege soll es geben, um zwischen der materiellen Welt und den geistigen Welten zu reisen. So Jonathan Black in seinem Buch »Die geheime Geschichte der Welt.« Black spricht davon, dass 33 der Rhythmus der vegetativen Dimension des Kosmos sei, jener Kraft, welche die Interaktionen zwischen den spirituellen Ebenen und der irdischen kontrolliere. Die 33 begegnet uns in der Freimaurerei bei den sogenannten Hochgraden; dort ist der 33. der höchste.

40 40 Tage und 40 Nächte hielt der Dauerregen an, der die Sintflut brachte. 40 Tage und Nächte verbrachte Moses auf dem Berg Sinai, 3 Mal 40 Jahre lebte er (5. Mos. 34,7). 40 Tage und Nächte wanderte Elias zum Berg Horeb (1. Kön. 19,8). 40 Jahre regierten die Könige David und Salomon. 40 Tage und Nächte dauerte das Fasten Jesu in der Wüste (Mat. 4,2). 40 Tage lang hielt sich der auferstandene Jesus Christus unter seinen Jüngern auf (Apg. 1,3). Die Zahl 40 wurde in verschiedenen antiken Kulturen als eine Zahl der Prüfung, der Verwandlung und auch des Todes betrachtet. In der Astrologie ist die Zahl 40 das Ergebnis, wenn man die 360 Grad des ganzen und vollkommenen Kreises durch 9, die Zahl der Beendigung dividiert.

44 44 ist der Zahlenwert für das Wort »Kind« im Hebräischen. Es setzt sich aus dem Zahlenwert 3 für »Vater« und dem Zahlenwert 41 für »Mutter« zusammen.[*]

50 50 Tage nach der Auferstehung ist Pfingsten. Es heißt im Griechischen auch *pentekoste,* der 50. Tag. Pfingsten geht auf das jüdische Schawuot-Fest zurück, dass 50 Tage nach Pessach gefeiert wird. In den Gesetzen über den Sabbat im Alten Testament wird dazu gesagt, dass man 50 Tage zählen soll bis zum Tag nach dem 7. Sabbat, um Gott ein neues Speisopfer darzubringen. Das Pessach-Fest erinnert an den Auszug des jüdischen Volkes aus Ägypten und das Ende der Versklavung; das Schawuot-Fest an die zweite Übergabe der 10 Gebote

---

[*] Quelle: »Die geheime Geschichte der Welt« von Jonathan Black, Arkana Verlag, S. 234

an das jüdische Volk. Im Christentum ist Pfingsten einerseits die Feier der Entsendung des Heiligen Geistes, andererseits gilt dies auch als der Zeitpunkt, zu dem die Kirche begründet wurde.

Die Zahl 50 hat auch in der modernen Gesellschaft eine große Bedeutung, wenn wir an die Feiern zum 50. Geburtstag eines Menschen denken, der einen Höhepunkt des Lebens markiert.

60 60 Sekunden zählt eine Minute, 60 Minuten eine Stunde. In früheren Jahrhunderten gab es die Maßeinheit Schock, die 5 Dutzend, also 60 Einheiten einer Ware angab, zum Beispiel »ein Schock Eier«. Und 6 Mal 60 ergibt die Gradzahl des vollkommenen Kreises mit 360 Grad.

64 64 Yoginis kennt der Tantrismus. Diese weiblichen Yogis sind, je nach Lesart, entweder 64 Aspekte der weiblichen Kraft der Göttin Durga oder 64 innerpsychische Gestalten der Anima.

70 70 Jahre währt unser Leben, sagt der Psalm (90,10). Er fährt fort, »und wenn's hoch kommt, so sind's achtzig Jahre«. Die Zahl 70 taucht in der Bibel häufiger auf. So ist von 70 Ältesten Israels die Rede (2. Mos. 24,1); die Gefangenschaft des Volkes Judas dauert 70 Jahre (Jer. 25,11); 70 mal 7 solle der Mensch verzeihen und vergeben, spricht Jesus (Mat. 18,22). Und schließlich wurde im Jahre 70 nach unserer Zeitrechnung der Tempel in Jerusalem zerstört.

72 72 Namen Gottes kennt die Kabbala, die jüdische Mystik. Und 72 Sprossen soll Jakobs Leiter nach den

Angaben des Sohars, eines kabbalistischen Hauptwerks, gehabt haben.

84 84 Adepten oder *Maha Siddhas* haben zwischen 800 und 1200 n. Chr. gelebt, die im Tantrismus als Meister-Heilige verehrt werden. Die Namen *Naropa* und *Tilopa* dürften darunter die bekanntesten sein. Viele von diesen 84 lehrten physische Unsterblichkeit in einem transformierten Körper. Offensichtlich sind es unsterbliche Meister über Zeit und Raum – die an einem mythischen Ort leben sollen (*Siddhapura,* Stadt der Adepten) und sich womöglich ab und an körperlich-dicht manifestieren. (Man könnte in unseren Breiten dabei durchaus an Saint-Germain denken.)

95 95 Thesen waren es, die der Augustinermönch Martin Luther (1483–1546) im Jahr 1517 zur Reformierung der Kirche verfasste und, wie es die Legende will, an das Kirchenportal der Schlosskirche von Wittenberg angeschlagen haben soll. Diese 95 Thesen brachten die Reformation und die Kirchenspaltung hervor.

100 100 Namen Allahs soll es geben, von denen nur 99 bekannt sind und der 100. (in der Regel) unbekannt bleibt.
Die 100 und alle weiteren runden Hunderter beinhalten immer die Bedeutung der ersten Ziffer zwischen 1 und 9 und dann deren »Erhöhung« auf nicht nur eine höhere zweite Ebene wie bei den Zehnern von 10, 20 und so fort, sondern auf eine höhere dritte Ebene.

101 101 Nadis bzw. Energiebahnen soll es im menschlichen Körper geben. Die Nadis entsprechen nicht den

Meridianen, sondern stellen ein eigenes Yoga-Prinzip dar. Die Zahl 101 dürfte aber eher symbolisch gemeint sein und »viele« bedeuten.

108 108 ist eine Zahl, die in Indien und im gesamten hinduistisch-buddhistischen Kulturraum als heilig betrachtet wird. Sie symbolisiert dort Ganzheit, Vollständigkeit und Vollkommenheit. 108 Gopis (Schafhirtinnen) umschwärmen Lord Krishna, 108 Perlen haben der hinduistische und der buddhistische Rosenkranz. 108 ist auch eine Zahl, die in der Hindu-Astrologie mit dem Mond in Verbindung steht. Das Edelmetall Silber wird dem Mond zugeordnet; Silber hat ein Atomgewicht von fast 108! In der tantrischen Überlieferung ist von 108 Pilgerorten die Rede, die dem weiblichen Mondprinzip, der Shakti, geweiht sind. Der Koautor hat in Rishikesh beim Besuch in einem Ashram vor vielen Jahren selbst gesehen, wie der Briefkopf des dort ansässigen Gurus lautete: »Sri 108 x Sri ...«

111 111 und alle Vielfachen davon wie 222, 333 und so fort zeigen an, dass die Kraft der jeweiligen Ziffer auf allen drei Ebenen, der körperlich-irdischen, der emotional-mentalen und der geistig-spirituellen Ebene wirksam werden kann.

144 144 ist der Zahlenwert für den Garten Eden im Hebräischen. 144 ist bekanntlich auch 12 mal 12, also eine Potenzierung der Zahl 12.

153 153 ist die Zahl der Fische, die Simon Petrus im Verlaufe der Begegnung mit dem auferstandenen Jesus

Christus aus dem übervollen Netz birgt. Die Vermutung,
diese Zahl sei symbolisch für die Zahl derer, die von Jesus in seiner Zeit des irdischen Wirkens erlöst wurden,
kann nicht mehr als eine Spekulation bleiben. Bedeutsam scheint diese Zahl jedoch zu sein.

227 227 Regeln gibt es für den Novizen, der sich zum
buddhistischen Mönch weihen lassen möchte. (Manche
Schulen haben 263, für Nonnen gibt es 279 oder 380 Regeln). 10 dieser Regeln empfängt der Novize beim Ein-
tritt. Verboten sind die Zerstörung von Leben, Diebstahl,
Sexualität, Lüge, Alkohol, Mahlzeiten zu verbotenen
Zeiten, Unterhaltung wie Tanz und Gesang, Schmuck
des Körpers, Verwendung eines besonderen Sitzes und
Annahme von Gold oder Silber.

231 231 »Tore« besitzt das hebräische Alphabet, das aus
22 Grundbuchstaben besteht. Die Tore sind Zugangswe-
ge, um die Geheimnisse der Buchstaben zu ergründen.
231 ist die Anzahl der möglichen Kombinationen zwischen jeweils 2 dieser Lettern. Eine andere kabbalisti-
sche Tradition kennt 221 Tore und beruft sich darauf,
dass eine Prophezeiung im Talmud sagt, König Davids
Kelch fasse 221 Maß.

260 260 ist die Anzahl der Tage im Jahr in einem der 5
(!) Maya-Kalendersysteme. Dieser Zyklus von 260 Tagen heißt *Tzolkin* und dient als eine Art Orakelkalender.
Die anderen Mayakalender sind ihr Sonnenkalender mit
etwa 365,2 Tagen, ihr Kalender eines idealen Jahres von
360 Tagen, die sich aus 18 Monaten zu je 20 Tagen ergeben. Der nächste Kalender umfasst 584 Tage und bezieht

sich auf die Umlaufbahn der Venus (die sogenannte synodische Periode); der 5. ist ein Mondkalender mit rund 29,5 Tagen pro Mond-Monat.

360 360 Grad misst ein Kreis. Hier ist die heilige Zahl 12 30 Mal enthalten bzw. 12 Mal 30 Grad zu jeweils 60 Minuten, die ihrerseits jeweils von 60 Sekunden gebildet werden.

500 500 Statuen von *Arhats,* von erleuchteten buddhistischen Heiligen, schmücken Altäre in chinesischen und japanischen Klöstern. So viele Heilige sollen am ersten buddhistischen Konzil teilgenommen haben, das kurz nach dem Tod des historischen Buddhas zusammentrat. Manchmal ist auch die Rede von »nur« 108 Arhats, was jedoch wohl auf die Bedeutung der Zahl 108 im hinduistisch-buddhistischen Kulturraum zurückgeht.

613 613 ist die Zahl der jüdischen Verbote und Gebote, der sogenannten Mitzwot (Einzahl: Mitzwa), die entweder aus der Tora stammen oder von Rabbinern festgelegt wurden. Darunter sind 365 Verbote und 248 Gebote; 248 soll der Anzahl der Knochen im menschlichen Körper entsprechen, die 365 den Tagen des Jahres: Jeden Knochen soll der Mensch für etwas Gutes einsetzen, an jedem Tag möge er sich davor hüten zu sündigen. Zu den Geboten gehört die Ruhe am Sabbat, die allerdings im Falle von Lebensgefahr aufgehoben werden kann.

666 666 ist bekanntlich angeblich die »Zahl des Teufels«, wenn man diese Aussage der Johannesoffenbarung wörtlich nimmt: »Hier ist Weisheit! Wer Verstand hat, der überlege die Zahl des Tieres, denn es ist eines Menschen Zahl und seine Zahl ist 666« (Off. 13,18). Aber auch das Alte Testament nennt diese Zahl 666, zum Beispiel so: »Und es war das Gewicht des Goldes, das Salomo in einem Jahr gebracht wurde, 666 Zentner ...« (2. Chr. 9,13). Bei Georg Feuerstein[*] haben wir eine andere Lesart der Zahl 666 gefunden, nämlich eine Ableitung aus der »heiligen Geometrie« nach hermetischen Traditionen Europas, die auf Pythagoras und altägyptisches Wissen zurückgehen. Demnach gibt es ein magisches Sonnenquadrat, dessen Reihen in der Summe jeweils 111 ergeben, und insgesamt eben 666.

6	32	3	34	35	1
7	11	27	28	8	30
19	14	16	15	23	24
18	20	22	21	17	13
25	29	10	9	26	12
36	5	33	4	2	31

1000 1000 Namen für das Göttliche soll es im Hinduismus geben. Selbstverständlich weiß auch diese alte Religion, dass das Göttliche jenseits von Raum, Zeit und Namen ist, aber doch für Menschen auf der Erde immer wieder greifbarer Namen bedarf. Im Yoga spricht man vom Scheitelchakra als dem »tausendblättrigen« Lotos.

[*] Für einige Anregungen zu manchen Zahlen sind wir Georg Feuerstein und seinem Buch »Spirituality by the Numbers« dankbar (Tarcher/Putnam Verlag, New York/Los Angeles, 1994).

Jeder der 1000 Gottesnamen soll mit einem dieser rein geistigen Blütenblätter in Beziehung stehen.

2150   2150 Jahre beträgt (ungefähr und durchschnittlich) ein »platonischer Monat« oder Weltmonat. Diese Spanne bezeichnet die Zeitdauer, bis eines der 12 Tierkreiszeichen am sogenannten Frühlingspunkt erneut aufgeht. Dieser wandert »rückwärts« durch den Tierkreis. Deshalb folgt dem Fischezeitalter zu Jesu Epoche nun das Wassermannzeitalter. 25 750 Jahre dauert ein »platonisches Jahr« bzw. ein Weltjahr: So lange braucht es, bis der Frühlingspunkt einmal durch den ganzen Tierkreis gewandert ist.

∾ · ∾

Buchempfehlungen

Jutta Fuezi:
Engelrituale. Himmlische Impulse für alle Lebenslagen;
    Knaur Verlag, München

Wulfing von Rohr:
Was lehrte Jesus wirklich. Eine verborgene Botschaft der
    Bibel; Schirner Verlag, Darmstadt
Kuan Yin. Die buddhistische Göttin der Barmherzigkeit;
    Schirner Verlag, Darmstadt
Kleine Erleuchtungen. Ein Begleiter auf der spirituellen
    Reisen; Knaur Verlag, München
Einführung in die Horoskopdeutung, Goldmann, Arkana
    Verlag, München
Tarot für Alle, mit Gerd B. Ziegler, Goldmann, Arkana
    Verlag, München
Neue Tarotschule. Basiswissen und Essenz des Tarots: 78
    Tarotkarten für die neue Zeit, Eigenverlag (siehe
    Webseite: www.neue-tarotschule.net)

Penny McLean:
Numerologie und Namen: Einblick in die Schicksalsgestal-
    tung durchs Namensgebung und wie Namen den Er-
    folg bestimmen, Knaur Verlag, München

∾ · ∾

Die Autoren

Jutta Fuezi schreibt über sich selbst:
Ich lebe in Österreich, im nördlichen Burgenland, in der Haydn-Stadt Eisenstadt. Ich habe eine erwachsene Tochter und bin zwanzig Stunden in der Woche in der Sozialversicherungsanstalt der Bauern tätig. Das ist meine »Brot- und Butter-Arbeit«, etwas sehr Bodenständiges also. Geboren bin ich am 3.6.1961 in Wien, im Tierkreiszeichen Zwilling; mein Aszendent ist auch Zwilling, mein Mond steht im Wassermann. Ich habe also eine Menge Luft-Energie in dieses Leben mitgebracht, aber Umfeld und Alltag holen mich immer wieder auf die Erde zurück, wenn ich abzuheben drohe. Die Numerologie-Kundigen haben es sicher schon herausgefunden: Meine Lebenszahl ist 8 aus 26, mit der Zielzahl 5 – ein nicht ganz einfaches, aber interessantes Programm. Wichtig ist noch: Ich habe derzeit drei Kater (Tom, Amor und Muffin) und zwei Katzen (Luna und Lilly). Sie sind nach und nach bei mir eingetrudelt, wurden liebevoll aufgenommen und gesundgepflegt.

Mein spiritueller Weg begann vor etwa zehn Jahren mit Reiki-Energie-Arbeit, immer unter Einbezug der Engelenergie. Meine Engel überraschen mich immer wieder, haben unglaublich viel Humor und ein unerschöpfliches Liebespotenzial, das sie für mich bereithalten. In dem Moment, wo ich mich für ihre Energie bewusst öffne, spüre ich diese auch und nehme Hilfe und Schutz gern an.

Schritt für Schritt ging es für mich in andere Bereiche der Engelarbeit: Affirmationen, Schutz, Vorträge, Seminare, Beratungen mit Engelkarten, Engelrituale und natürlich auch Engelnumerologie. Von Beginn an arbeite ich im ENGELmagazin als Autorin mit, vor allem mit Anleitungen zu Engelritualen und den persönlichen Engelbotschaften für jeden Tag. Vor kurzer Zeit ist mein erstes Buch »Engelrituale« erschienen.

Mit meiner Freundin Eveline habe ich in Eisenstadt ein kleines Seminarzentrum aufgebaut: Engellicht. Dort bieten wir Vorträge, Seminare und Workshops zu alternativen und spirituellen Themen an. Kunst und Bücher runden unser Angebot harmonisch ab, und jeden Freitagnachmittag haben wir für einen gemütlichen Plausch bei Kaffee und Kuchen geöffnet.

Über **Wulfing von Rohr:**

Jahrgang 1948; er ist Bewusstseins- und Kulturforscher, Buchautor und Koautor, Seminarleiter, Übersetzer und Herausgeber. Er war Chefredakteur des vierteljährlich erscheinenden Yoga-Forums und zwei Jahre lang Gründungs-Chefredakteur des zweimonatlich erscheinenden ENGELmagazins. Er tritt als Moderator und teilweise Organisator von spirituellen Treffen in Erscheinung, beispielsweise Internationale Friedenskonferenz München 1999, Interreligiöse Gespräche Luzern 2000, Friedenstage Salzburg 2002, Engeltage Salzburg und München 2006, 2007 und 2008, The-Gathering-Konferenz für LichtarbeiterInnen in Solothurn 2008, Lebenskraft-Symposien in Zürich 2008 und 2009. Bei der Channeling-Konferenz in Colorado im Juli 2009 war er einer der Gastredner.

Er war zwanzig Jahre lang Fernsehjournalist und Produzent von Fernsehdokumentationen für ARD und ZDF. Er hat unter anderem mit S. H. dem Dalai Lama, Anwar el Sadat, Zia ul Haq, Indira Gandhi, Giscard d'Estaing, Henry Kissinger Interviews geführt, ist führenden spirituellen Persönlichkeiten persönlich begegnet (beispielsweise S. H. Papst Johannes Paul II., Sant Darshan Singh, Pir Vilayat Khan), und hat daneben auch Begegnungen von führenden Wirtschaftlern moderiert.

Er gilt im deutschsprachigen Raum als ein führender Kenner der spirituellen Bewegungen und Entwicklung in Europa, Nordamerika und Teilen von Asien. Wulfing von Rohr wirkt derzeit als Chefredakteur der Zeitschrift ENGELmagazin, schreibt dort laufend selbst zu spirituellen Themen und lässt wichtige geistige Lehrer und Lehrerinnen zu Wort kommen. Er ist Mitglied in der Internationalen Gesellschaft für Tiefenpsychologie, Gründungsmitglied der Großgmainer Marienbruderschaft (einer interreligiösen spirituellen Gemeinschaft) und wirkt ehrenamtlich als Mitglied des Pfarrgemeindesrats am Marienwallfahrtsort Großgmain. Derzeit wohnt er bei Salzburg am magischen Untersberg.

Er hat als Autor und Koautor über 90 Bücher verfasst und wichtige Bewusstseinspioniere im deutschsprachigen Raum als erster bekannt gemacht, so Dr. Edward Bach (Bachblüten), Dane Rudhyar (Humanistische und transpersonale Astrologie), Chris Griscom (Heilerin und spirituelle Lehrerin) und andere mehr. Er hat für englische Medien übersetzt (Gaye Muir, Gordon Smith), ameri-

kanische Referenten (Shirley MacLaine, Chris Griscom,
Chuck Spezzano, Doreen Virtue, Jonette Crowley), eng-
lische und schwedische Engelbotschafterinnen (Glennyce
Eckersley und Cecilia Sifontes) sowie zahlreiche Bücher
amerikanischer und englischer Autoren (unter ande-
rem Adamus Saint-Germain und Geoffrey sowie Linda
Hoppe, Charles F. Haanel, Serge Kahili King, Deepak
Chopra, Dr. Joseph Murphy, Philip Carr-Gomm, Jude
Currivan).

≈·≈

Veranstaltungen

Über Vorträge, Seminare und persönliche Beratungen
mit Jutta Fuezi gibt es mehr Informationen bei:
    www.engellicht.at
    E-Mail: jutta@engellicht.at
    Tel. +43-664-9384813

Informationen zu Veranstaltungen mit Wulfing von
Rohr bei:
    www.wulfingvonrohr.info und www.engeltage.org
    E-Mail: wulfing@aon.at
    Tel. +43-6246-74448

Vom Wirken himmlischer Mächte im Alltag

Diana Cooper
Die Engel, deine Freunde

368 Seiten, Taschenbuch
ISBN 978-3-453-70107-6